NADIE TE MENOSPRECIE

Lecciones de Autoestima

Francisco Díaz Hernández

Reservados todos los derechos. No se permite la reproducción total o parcial de esta obra, ni su incorporación a un sistema informático, ni su transmisión en cualquier forma o por cualquier medio (electrónico, mecánico, fotocopia, grabación u otros) sin autorización previa y por escrito de los titulares del copyright. La infracción de dichos derechos puede constituir un delito contra la propiedad intelectual.

El contenido de esta obra es responsabilidad del autor y no refleja necesariamente las opiniones de la casa editora. Todos los textos e imágenes fueron proporcionados por el autor, quien es el único responsable por los derechos de los mismos.

Publicado por Ibukku, LLC
www.ibukku.com
Diseño y maquetación: Índigo Estudio Gráfico
Copyright © 2022 Francisco Díaz Hernández
ISBN Paperback: 978-1-68574-116-7
ISBN eBook: 978-1-68574-117-4
LCCN: 2022905141

Índice

Introducción	5
Lección 1 Somos Semillas	7
Lección 2 ¿Qué es la Autoestima?	13
Lección 3 Evaluando nuestra Autoestima	39
Lección 4 Manejo de la Autoestima	45
Lección 5 Opciones Reflexivas	71
Lección 6 Ejercicios hacia el Fortalecimiento de la Autoestima	87
Lección 7 Mirándonos el Ombligo	93
Una palabra final	103
Bibliografía	105
Sobre el Autor	109

Introducción

Nadie te Menosprecie se propone encender una lámpara que ilumine el camino hacia la autoestima poniendo énfasis en que las personas adultas son responsables de su autoestima. Porque la autoestima de los niños y adolescentes en cierta medida está en manos de los adultos. Lo cual no significa que aquellos nada puedan pensar y hacer al respecto. Pero los padres, abuelos, cuidadores, maestros, líderes cívicos y religiosos, entre otros, tienen una tarea que realizar. Precisamente, la ayuda profesional llegaría cuando las mismas personas reconocen que no tienen las herramientas para alcanzar crecimiento. Las variables alrededor que anuncian fluctuaciones en la autoestima deben ser entendidas, manejadas, disputadas, revisadas o eliminadas en nuestras reflexiones. Pero no podemos actuar efectivamente si predomina el desconocimiento de lo que es la autoestima. Estas lecciones en ningún sentido pretenden acercarse a lo que se ha llamado "agotar el tema." Pero si pretendo marcar lo relevante con el detalle y la repetición. Y estoy consciente de que la repetición pudiera ser molesta. Están dirigidas a iluminar a través de un saber práctico y accesible. Una de las sensaciones mas valiosas al trabajar nuestra autoestima, es sentirse seguro y en paz consigo mismo. Se percibe como la presencia de un escudo a favor de la integridad y salud de nuestra mente. Algunos teóricos le han llamado el sistema inmune de la mente. Es el antídoto o vacuna contra las distorsiones que amenazan nuestra capacidad para amar, servir y aprender. Alcanzamos cierta armonía y fortaleza interior cuando uno entiende que puede manejar su vulnerabilidad. Sin un conocimiento de la autoestima nuestra vulnerabilidad es alta y pudiera ser peligrosa.. Que el lema "Yo Puedo" también nos guíe en esta jornada.

Lección 1
Somos Semillas

Propósito: Contestar la pregunta quiénes somos es una tarea vital. Ha sido expuesta desde los inicios de la reflexión filosófica. Volvemos a encontrarla en las narrativas religiosas y bíblicas. Su respuesta nos sitúa, nos ubica, nos compromete, marca las coordenadas existenciales de cada persona. En medio de la autoestima, es una reflexión impostergable. Esta primera lección busca arrojar algunas luces sobre esta pregunta.

Somos Semillas que llevamos en nuestro interior memorias, habilidades, talentos, aspiraciones, propósitos, dones, y valores. Nuestra vocación no es simplemente germinar. Porque la vocación, no el destino, es la voz del corazón, según su etimología. Nuestra vocación es florecer. El crecimiento interior es el diseño que la semilla porta y nadie puede quitarle. Ese diseño es la autoestima. Sus raíces, troncos y ramas se nutren de un valor fundamental: Los seres humanos valen por ser personas. Todo ser humano es digno en si mismo, vale porque si. Ser persona consiste poseer capacidad para comunicarnos en el mas alto nivel, el de las relaciones humanas. Es solidarizarnos, lograr, amar y ser amados, ser auténticos y espirituales. Ser espiritual consiste en afirmar nuestra libertad interior y exterior frente al ámbito de lo cotidiano y el de la trascendencia. Somos personas en la alteridad, es decir, en diálogo con los otros. Los demás son nuestro referente mas valioso. Llevamos en nuestro interior el potencial de transformación que culmina cuando florezca. Cuando el valor de la dignidad propia e inherente del ser humano y el amor incondicional quedan vinculados y expuestos, entonces estamos preparados para crecer. La meta del crecimiento no es numérica sino cualitativa, sin dejar de ser metafórica. Cuando el brillo es evidente para uno mismo, podemos celebrar nuestra vida, y asumir el mas saludable optimismo. Este nos recuerda que existe un mañana y que siempre es bueno. El universo nos invita a florecer. Nos invita a recibir y compartir de su luz, perfume y color en medio de las relaciones humanas. Nos ofrece el regalo de la autoestima. Pero su envoltura está hecha del conocimiento de si mismo, búsqueda de valores, de actitudes vitales que incluyen la gratitud y el perdón. etc. Florecer es una metáfora sobre la excelencia y plenitud del crecimiento, que nos invita a la transformación desde la interioridad humana.

Cualquiera que comience su aventura intelectual de lectura crítica sobre la autoestima recibe varios beneficios: Primero, recibe del valor intrínseco del conocimiento que amplía su conciencia. Segundo, obtiene también el beneficio de poder aplicar lo que aprende a sí mismo. Más que informarse se forma. En tercer lugar, tendremos nuevas herramientas para entender y solidarizarnos con los otros significativos que nos rodean. Lo cual no supone ni diagnóstico ni terapias, sino compañerismo solidario. Me propongo en este libro presentar una síntesis de la autoestima, que sea rica en contenido y a la vez práctica. Trato de evitar temas secundarios que nos desvíen del eje en cuestión. La esencia de la autoestima consiste en pensar en principios, que se concreta en axiomas para la construcción de esquemas. Incluyo definiciones y conceptos medulares, estrategias de manejo, reflexiones, ejercicios, cuestionarios de evaluación, etc.

"Nadie te menosprecie," (Tito 2, 15, <u>Nuevo Testamento</u>), es al mismo tiempo <u>exhortación</u> y <u>respuesta</u>. Es exhortación porque llama a las personas a afirmar su autoestima en medio de contradicciones denigrantes y peyorativas, personales o circunstanciales, etc. Comenzamos por apreciarnos correctamente, racionalmente, y con valores en nuestros horizontes. Sin dejar de ser respuesta porque nos invita a usar los "principios" dentro de estrategias para detener agresiones personales. Pero los principios son la materia prima o el tuétano de las construcciones conceptuales alrededor de la autoestima. Este título implica una actitud asertiva, que es la manera apropiada de comunicarnos. Cuando somos asertivos renunciamos a la hostilidad y libremente, sin temor comunicamos nuestras necesidades. Pedimos lo que queremos. Mantenemos el respeto a los otros cuando reconocemos nuestros límites, los espacios psicológicos y espirituales. La autoestima no es un asunto para manejarlo pasivamente o no manejarlo. La pasividad destruye las relaciones interpersonales y alimenta pozos de ira que explotan generalmente sobre quienes nada tienen que ver con los conflictos personales. Crecemos interiormente cuando tomamos conciencia de esta necesidad psicológica que se asoma en la mayoría de nuestras funciones tanto cognitivas como ejecutivas.

La importancia de la autoestima estriba sobre sus proyecciones o alcances. Nos interesa su rol en la vida humana, su dinamismo como necesidad, la naturaleza de esa necesidad, las condiciones de su vivencia y actualización, las consecuencias de su frustración sobre los valores, respuestas y metas, (N. Branden). Nos interesa delinear y exponer el tejido mas evidente de tal manera que podamos conscientemente dirigir sus desarrollos hacia una satisfacción apropiada porque es una necesidad psicológica. Aunque los ejes o motores de nuestra conducta son metas, valores y necesidades, la autoestima como necesidad no tiene sustitutos. Porque el orgullo no es una respuesta sino una desviación inapropiada del amor a si mismo.

Por otro lado, existe un trasfondo metafísico que cualifica el universo y que marca la ruta de la felicidad o el sufrimiento. Si creemos en un universo benévolo, con propósitos, significados, trascendencia, valores realizables, con apertura a nuestros esfuerzos y decisiones, luego la felicidad es una posibilidad. Por el contrario, si creemos en un universo sin propósitos, determinado, los valores no son alcanzables, y los esfuerzos humanos no logran madurar en espacios de éxito, entonces la frustración puede predominar como experiencia. Algunos teóricos, del horizonte de las ciencias naturales, no están interesados en una reconciliación metafísica. Algunos descartan la trascendencia y la sustituyen por axiomas racionales que exhiben como inteligencia pura. La autoestima como necesidad humana necesita arraigarse en la totalidad del ser humano, es decir, sin negar las verdades de razón ni la trascendencia. Inevitablemente, la paradoja surge y resurge llamándonos a profundidades existenciales. Luego, comenzamos a beber de las verdades de las artes, la espiritualidad y la religión. ¿Y esto por qué? Pues porque somos unidad, totalidad, pluralidad, etc. Somos seres humanos sujetos a las categorías del tiempo y el espacio, de los idiomas, de la historia y las culturas, etc. Ni antes, ni ayer, ni hoy, las ciencias concretas o sociales, han surgido en el vacío cultural o histórico. Entenderlas supone mirar cómo vienen vestidas, es decir, reconocer sus orígenes, desarrollos y grandes aciertos. Basta con recordar que Sigmund Freud utilizó la mitología griega y su literatura como fuente de representaciones para sus conceptos. Dos ejemplos son el complejo de Edipo, complejo de Electra, el mito de Narciso, etc. En resumen, que a la autoestima le conviene entender al universo como bueno, con propósito, que responde a nuestros esfuerzos y decisiones, trascendente, etc. Así la felicidad no es un lugar, sino una relación con las cosas o realidades que el universo ofrece a los seres humanos. Esa relación es satisfactoria, positiva, creativa, dinámica y fluctuante. Seguro que hay baches de dolor, sufrimiento, frustración y muerte, pero estos nos permiten responder en medio de las situaciones afirmando la libertad humana. El mal es innegable, pero la capacidad humana para crecer, superarse y alcanzar valores universales también es evidente a través de la historia. Como nos enseña la psicología positiva, miremos primero el vaso medio lleno, afirmemos lo positivo en la unidad de las realidades humanas y existenciales.

En adelante, leeremos claramente que la autoestima no es una categoría patológica, sino un componente de la vida interior o psicológica. Pero su debilidad o carencia en los términos de baja autoestima, sí es un componente que incide en la depresión y la ansiedad. Pero no se define su crisis como enfermedad sobre la cual haya una acción terapéutica, sino en la compañía de la depresión y la ansiedad por ejemplo. No aparece en los manuales diagnósticos sino como síndrome o síntoma. El estudio de la autoestima es un instrumento muy efectivo en nuestro empeño por superarnos, y en las experiencias de todos aquellos que procuran amar, trabajar y aprender. Sin embargo, se requiere una actitud intencional, voluntad, propósito, para cambiar lo aprendido en perspectiva de interpretación sobre nuestra vida diaria. Basta con que sabiéndonos informados aspiremos a actualizar lo aprendido para formarnos. Podemos movernos de la teoría a la práctica cuando ya vislumbramos todos sus beneficios. Para lo cual siempre hay ocasión y tiempos. Otra vez, "Seguro que podemos."

Preguntas de análisis y comprensión:

1. ¿Cuál es el valor fundamental de la autoestima?

2. ¿Qué es ser persona?

3. ¿En qué consiste la "envoltura" de la autoestima?

4. ¿Cuáles beneficios puede recibir el lector del presente texto?

5. ¿En qué sentido "Nadie te menosprecie" es exhortación y respuesta?

6. ¿Cuál es la importancia de la autoestima?

7. ¿Qué consecuencias tiene entender un trasfondo metafísico en la autoestima?

8. ¿Cómo se define la felicidad?

9. ¿En qué patologías incide la autoestima cuando es baja o está en crisis?

10. ¿Cuándo comenzamos a "florecer"?

Lección 2
¿Qué es la Autoestima?

Propósito: Si sostener una herramienta en las manos es importante, mas lo es darle nombre. Nombrar es establecer sus características, límites, estructuras, funciones, usos y relaciones. Nombrar es procurar el dominio que nos puede hacer entender. Buscamos evitar la confusión, identificar los equívocos y los atajos que suelen ser engañosos, etc. Procuramos evitar las definiciones simplistas y vacías. El lector no puede ser pasivo sino activo y sediento de lo nuevo.

¿**Qué es la autoestima**? ¿Qué aspectos o temas le son inherentes?

a. Es la imagen visible exterior de nuestra imagen interior invisible. Ambas imágenes permanecen vinculadas. Pero la interior es el resultado de la crianza y los "guiones" que marcan el pensamiento en las etapas tempranas de la niñez. Los guiones son los mensajes que uno se dice a si mismo. Llegan a nuestra mente para ser parte del diálogo o monólogo que permanece activo en el pensamiento. Recordamos que estos son el punto de partida de las emociones y las decisiones. Desde las elaboraciones del análisis transaccional, equivale a un mayor arraigo del niño adaptado bajo las influencias del padre crítico. La disciplina y el rechazo que son propias de la crianza, crean una autoestima baja, y generan una entidad acusadora, defensora y castigadora, etc. Se le conoce como el "Yo crítico patológico," (MacKay and Fanning, 2016). Su función es defender al "yo mismo" en un falso intento de prevenir sufrimientos, fracasos, decepciones, agravios, humillaciones, etc. La persona se prepara para lo peor, se cree indigna de éxitos o de beneficios porque esta entidad trastorna al "yo mismo" hasta la pérdida parcial de contacto con la realidad. Cuando casi todo le sale muy bien, su guion le dice: "Es muy bueno para ser verdad." "Algo terrible está por surgir…"etc.

b. Es una necesidad psicológica, según A. Maslow, ubicada teóricamente en el cuarto nivel de la pirámide de necesidades, (New Knowledge in Human Values, 1971), cuya dinámica crea balances entre la meta de auto realización y las necesidades básicas biológicas. Como necesidad requiere satisfacción, que busca valorar, estimar, apreciar, reconocer al yo mismo. La persona y el auto concepto sirven de "locus" al valor inherente e intrínseco de dignidad propia. Es inherente porque no depende de elementos externos para sostenerse. Es decir, la persona vale porque es persona. Las variables externas no deben incidir, disminuir, aumentar, ni crear tensiones en la sustancia de la autoestima. Esas variables pueden ser acciones, decisiones, situaciones, carencias, fracasos o logros, conquistas o derrotas, estereotipos o etiquetas, juicios o prejuicios, etc. Ninguna variable debe crear una tensión de valer en la autoestima, (Schiraldi). Pero la crea. Luego, hay una respuesta que dar, hay una tarea que realizar.

Esa tarea es la reflexión. Nos dirigimos hacia una reflexión profunda y activa, que permita rescatar, sostener, fortalecer y afirmar la autoestima en los términos de competencia y voluntad de entender, (N. Branden). La persona se prepara, razonablemente, para disputar contra todas las variables que pretenden negar su valer. Independientemente de nuestra circunstancia, si somos de algún grupo de minoría en medio de la diversidad social que caracteriza la actualidad, todos necesitamos conocer, afirmar, y cultivar nuestra autoestima. También las personas exitosas necesitan saber por dónde van en términos psicológicos porque la autoestima funciona como el corazón de nuestra personalidad psicológica. Es el eje de nuestro sistema inmunitario psicológico, (Branden).

c. Si la autoestima es fluctuante y comenzamos a usar herramientas de medición nos lanzamos a un callejón sin salida, Parece un juego de números hacia la competencia y la comparación que son contrarios a la esencia de la autoestima, según Glenn R. Schiraldi. En su elaboración distingue que esta es una apreciación de si mismo realista, es decir, precisa y honesta. Es apreciativa porque busca las emociones y sentimientos positivos y los disfruta. En su esquema identifica la culpa que se derrota a si misma, y el orgullo que se derrota a si mismo. La autoestima permanece en el centro entre estos extremos. La angustia de ser se ve a si misma como el polvo de la tierra en una perspectiva vertical. Pero las personas con autoestima saludable permanecen en una perspectiva horizontal, los otros y yo somos iguales. Cada ser humano, desde su embrión, es fundamentalmente bueno y completo. Es completo pero no está completado. Hay un crecimiento y maduración que le espera. Lleva dentro de si mismo un potencial de desarrollo y crecimiento siempre valiosos. Es semilla.

El Arcángel Caracol es una fábula que nos permite entender y valorar las potencialidades que viven dentro de las personas, cuya expresión esperan por una oportunidad. Atribuida a Nikos Kazantsakis nos dice así:

El Arcángel Caracol llega al cielo. San Pedro vigila la entrada. Cuando llega el caracol, S. Pedro le pregunta: ¿Qué vienes a buscar al cielo? "Vengo a buscar la inmortalidad," contesta el caracol. "¿Acaso no soy también una criatura de Dios como los arcángeles?" Y continúa: "Soy el Arcángel Caracol." San Pedro le pregunta:"¿Dónde están tus alas de oro, tu escudo de plata, tu espada flamígera y tus sandalias rojas?" "Están dentro de mi caparazón, duermen, esperan…" dice el caracol. San Pedro vuelve a preguntar: "¿Y qué esperan, si puede saberse?" El molusco contesta:" Esperan el gran momento." "¿Qué gran momento?" dice San Pedro. "Este" dice el caracol, saltando y cruzando la puerta del cielo, del cual ya nadie puede echarlo.

Creo que podemos estar de acuerdo, que lo que parecemos y lo que somos no son idénticos. Pero hay muchos "san pedros" de la vida, que se plantan en medio de los otros para impedir su crecimiento interior, disminuyendo nuestro valor basados en lo que ven. Malogran con sus expectativas nuestro movimiento. El cielo es el mundo de las oportunidades de auto-realización. El caracol insiste en llamarse arcángel, tiene derecho a estar en el cielo. Todos los seres humanos son portadores de excelencia. La cual es un tesoro de valores. Como el caracol, podemos llevarlos dentro, en nuestro interior mas íntimo. También procuramos oportunidades. Las mismas no llegan, hay que ir por ellas. Y cuando sabemos dónde estamos y lo que llevamos dentro, es hora de dar un salto. Hay saltos del conocimiento o intuitivos, de fe, y de decisiones. La autoestima es un asunto de valores. Mas específicamente es asunto del valor propio e inherente que sostiene nuestra personalidad. Aunque lo repita en adelante, los que tienen una autoestima saludable pueden decirse, "No valgo porque tengo, valgo porque soy." Todos tenemos potencial para alcanzar excelencia.

Tan valioso es ese Yo interno, el sujeto de la autoestima, que no hay circunstancias, eventos o desempeños que alteren su sustancia o esencia. Si alguna vez, hay que examinar y ponderar algo, no es la dignidad, sino las variables externas identificadas. La dignidad personal, valor propio de la autoestima, es intrínseca, incondicional, no negociable. El concepto teológico del hombre "creado a imagen de Dios," propone, entre otras afirmaciones ajenas a este escrito, que como la semilla lleva dentro plenitud, pero se mueve en desarrollos hacia realizaciones funcionales positivas. Igualmente ocurre con el sujeto o Yo espiritual en la dinámica de la autoestima. Hay plenitud pero existe en medio de una tensión entre el presente y futuro a causa de los desarrollos que le aguardan al Yo. No valgo mas que nadie, nadie vale mas que yo. No hay espacio para el menosprecio, ni debo menospreciar a nadie. El amor incondicional hacia si mismo posibilita el amor práctico, de dar y recibir. La expectativa que subyace es crecimiento interior. Su mejor expresión puede llamarse "florecer." En posiciones de trabajo, estructuras jerárquicas, en medio de ejecutivos y subordinados hay una dinámica diferente. Es decir, la horizontalidad no busca deshacer dinámicas, acuerdos y funciones propias de los ambientes laborales.

d. Es la afirmación del valor de la <u>dignidad propia e inherente</u> del ser humano. La competencia es la respuesta efectiva a las circunstancias, y suele acompañar a una autoestima saludable. Pero la "dignidad" supone el carácter positivo, bueno, libre, valioso, y creativo de todo ser humano. La posibilidad de ser, en un amplio abanico de posibilidades, sirve de eje a la referida dignidad. Al yo le corresponde ejercer su autoridad innata en defensa y afirmación de la dignidad.

e. Es la evaluación que corresponde al "yo" sobre sí mismo. Esta ponderación tiene como soporte la capacidad de uno para ser amante y capaz. El amor se define como decisión que hace posible aquella actividad de dar y recibir en una relación humana horizontal. Y es capaz porque posee los recursos para hacer, crear, superar, evaluar, etc. realidades concretas y externas del yo.

f. Hay dos aspectos definitivos de la autoestima. Estos son confianza en uno mismo y respeto hacia uno mismo, (Branden, 1971). Aunque pueden separarse en términos de conceptos, no lo son cuando se entienden dentro de la psicología de las personas. El hombre se hace "digno" de vivir cuando se hace competente al vivir. Esto es, retiene su sentido de dignidad afirmando sus funciones racionales y del pensamiento. Cuando traiciona sus convicciones morales pierde su competencia, es decir, su capacidad para seguir distinguiendo entre el bien y el mal. A fin de cuentas, la autoestima es un asunto que pertenece al ámbito moral. Y la sustancia de la moral es la voluntad, por la cual las personas hacen constantemente decisiones. Parten del supuesto de que uno es esencialmente libre, no en absoluto, por lo cual también somos responsables. No podemos actuar contra nuestro propio saber. Perseveramos en sostener o fundamentar nuestra autoestima en medio de reflexiones centradas en su valor.

g. La búsqueda de "entendimiento" es una tarea constante de las personas, que puede disputar contra el flujo de pensamiento contrario a la dignidad humana. La meta es alcanzar cierto grado de integración, que solo es posible a través de conceptos y principios. Estos forman un cuerpo de conocimiento que sirve para contrarrestar las emociones o sentimientos cuando estos pretenden servir de base a la autoestima. El logro de distinguir entre conocimiento por un lado, y emociones-sentimientos por el otro es también un signo de madurez. En el proceso de maduración, la necesidad de independencia intelectual está implícita en la voluntad de entender. Se aspira a un crecimiento intelectual constante como una necesidad de la autoestima. La voluntad de entender se ocupa de confrontar las situaciones, afirmaciones o valoraciones con el conocimiento cuyo eje es la dignidad propia y la aspiración a valores.

h. Hay una diferencia significativa entre orgullo y autoestima. El orgullo se alimenta de logros. Su lema podría resumirse en "Yo tengo." Por el contrario la autoestima descansa sobre la convicción personal de la propia eficacia y dignidad. Esta eficacia se dirige a alcanzar no cosas sino valores. El lema de la autoestima podría ser "Yo puedo, yo soy." Por eso el crecimiento interior es relevante. El orgullo es una ruta equivocada hacia la autoestima. Por ser error no resiste los embates de las emociones, de los deberes falsos, y todas las fluctuaciones y dinámicas que supone vivir en comunidad. El desequilibrio, ya contradictorio, del quehacer cotidiano se hace completamente visible. En el horizonte de alguien con una autoestima saludable la creatividad y el crecimiento le acompañan usualmente. Pero la pasividad es incompatible con una autoestima saludable.

i. Dos emociones que surgen en medio de esta reflexión son: el placer de ser eficaz, por un lado, y el dolor de ser impotente por el otro lado. La vida es el mas alto valor y la actitud de "voluntad de entender" hace posible superar las frustraciones y fortalecer la autoestima en reflexiones activas que utilizan principios y conceptos sobre el eje de la autoestima. Cuando el temor se convierte en motor de la conducta, se evidencia un trastorno psicológico, pero cuando el ser humano actúa motivado por el amor, y la confianza en lo racional, predomina la salud psicológica. La emoción del temor cualifica trastornos cuando se vuelve eje de la conducta. El placer auténtico consiste en celebrar nuestro control sobre nuestra propia existencia. El mas auténtico placer es aquel que exige el uso de nuestra mente. El mismo uso se refiere no necesariamente a la solución de problemas, sino cuando ejercemos discriminación de ideas, valores y conceptos. ¿Qué relación puede establecerse entre el placer y la autoestima? En aquellos con una autoestima saludable se convierte en recompensa y confirmación. Pero en aquellos con una falta de autoestima se convierte en amenaza de ansiedad frente a la realidad que desconoce. El disfrute de la vida se vuelve recompensa con el ejercicio de la autoestima.

j. Una crisis de autoestima se expresa como ansiedad patológica. Las fuentes de aquella ansiedad son igualmente valores racionales e irracionales sobre los cuales la persona fundamenta su propia evaluación. La búsqueda de aprobación o reconocimiento de los otros, y los ajustes subsiguientes en la apariencia, trabajo o familia, crean un sentimiento de malestar y decepción crecientes que detienen el crecimiento interior. Precipitan un sufrimiento moral innecesario. Cuando las expectativas son reales y precisas, uno aprende a dejar de devaluarse y deja de evaluar a los otros. El progreso en el dominio de conductas positivas no ocurre en bloques consistentes, sino en movimientos que usualmente se dan seguidos y exitosos. Pero incluyen algún retroceso menor antes de volver a progresar. Es decir, damos dos pasos hacia el frente, y uno hacia atrás, pero crecemos. Concentrarse en las recaídas es contraproducente, las cuales son realmente parte del proceso de sanidad o aprendizaje. Son nuevos comienzos. Resbalar es en cierta medida inevitable. Basta con que no predomine en lapsos prolongados de conductas. Para concretar una respuesta de recuperación la mirada debe mantenerse sobre la meta con determinación. Este proceso incluye la habilidad de distinguir entre sufrimiento <u>apropiado</u> y el <u>gratuito o inapropiado,</u> según Heineman Pieper. El apropiado es el resultado de eventos reales y razonables en contextos lógicos; pero el gratuito es el resultado de evaluaciones incorrectas sobre las conductas propias, sabotaje contra uno mismo. Las recaídas, vacunas psicológicas, son parte del proceso de sanidad, marcan éxitos, no fracasos. El sufrimiento inapropiado generalmente hace suyas las voces acusatorias del interior que empujan hacia la culpa. El problema es que el sujeto, uno mismo, no disputa esas voces para que se detengan. Disputarlas requiere la aplicación de muchos de los principios que ya incluyo en este libro. Ni por un solo instante podemos afirmar que las emociones nos llegan impuestas, y que no tenemos ningún control sobre estas. La cultura misma nos requiere una regulación constante de las emociones. Sí tenemos algún control sobre nuestras emociones. Podemos detenerlas, podemos darle nuevos derroteros o moldearlas. Recordemos que se originan primeramente en el pensamiento. Somos dueños del contenido del pensar. Por otro lado, no suponemos que hay en adelante una ausencia total de dinamismos parecidos, lo cual sería una negación de la realidad. Tampoco suponemos que el sufrimiento siempre acompaña los eventos o relaciones mas ricas de nuestra vida. Si el sufrimiento inapropiado predomina en nuestras relaciones interpersonales, entonces se requieren cambios serios en la toma de decisiones. Hambre de conflictos y preferir las confrontaciones, rebeldía, son signos de infelicidad, no de salud emocional. Cuando la búsqueda de perfección aparece en nosotros la infelicidad viene de pasarela. En las relaciones interpersonales esta creencia se traduce en pensar que somos indispensables. Lo cual es sencillamente enajenación.

k. Celebrar la vida es inherente a la autoestima. Una de las maneras de hacerlo es producir guiones, mensajes o mandatos hacia si mismo que construyan ese carácter de celebración. Catherine Cardinal, en su libro <u>Ten Commandments of Self-Esteem</u>, 1998, describe ese carácter de forma práctica. Es muy evidente que los diez mandamientos en ninguna manera pretenden sustituir los bíblicos, ambos inciden en la importancia de las relaciones humanas. Hay un componente metafísico en los Diez Mandamientos según el autor bíblico. Cardinal no supone nada metafísico. Su uso aquí es literario. Hay una tarea constante que realizar para alimentar una autoestima saludable. Estos "mandamientos" son:

1. No harás amistad con personas que te hagan sentir mal sobre ti mismo.

2. No te esforzarás por explicar para ti mismo las conductas aberrantes o tóxicas de otros a tu alrededor.

3. No cultivarás amistad con personas con grandes dificultades cognitivas o ejecutivas.

4. Confía en tu cuerpo y sus mensajes todos los días de tu vida. Nuestra mente suele "fornicar" contra el cuerpo.

5. Tienes permiso para decir "No", cambiar de parecer, y expresar tus sentimientos.

6. Aquello que no es bueno para uno mismo, tampoco podría serlo para otros significativos.

7. No te esforzarás por dar mas allá de tu propia capacidad.

8. Lo que piensan otros sobre tu persona vale nada.

9. A dondequiera que vayas, ahí es la fiesta.

10. Cantarás tus propios virtudes o reconocimientos todos los días.

Estos mandatos son el resultado de la práctica en consejería psicológica de la autora. Se caracterizan por su sencillez sin dejar de ser efectivos. Observamos que sí hay un espacio para los otros en el mandamiento número seis. La alteridad está implícita en toda acción o expresión humana. Los otros u otras nunca son invisibles. Viven realmente en nuestros contextos, en nuestras memorias o en nuestros ideales. Lo cual es un llamado a la equidad. Pero la realidad mas precisa y concreta nos enseña que algunas cosas pueden ser buenas para otros y no para mi y viceversa. Y es así por una razón sencilla: Todos somos seres humanos, pero nuestras circunstancias, perfiles, caracteres, y biografías nos hacen diferentes. Somos humanos, siempre similares, nunca idénticos. Pero los otros mandamientos prescriben y describen las respuestas frente a aristas específicas de la vida en pareja o familia, o en contextos laborales. Coinciden con el individualismo dominante de la cultura anglosajona. Refuerzan la actitud de independencia personal (self-reliance) propia de aquellos. Celebrar el control en medio de la vida, que es autoestima, requiere estos mandatos. Uno no puede esperar que las situaciones de valoración, apoyo, respeto, solidaridad, cordialidad y aprendizaje surjan espontáneamente. Uno debe colaborar consigo mismo. Estos diez "mandamientos" procuran dar respuestas a eventos existenciales, escasos o frecuentes, pero reales. Aunque cada mandamiento merecería un párrafo explicativo, los últimos tres me parecen dignos de comentarse.

El mandamiento ocho, afirma la prioridad de lo que uno piensa sobre lo que piensan otros. Nuestro pensamiento es la zona privada de nuestra interioridad.

Tenemos control sobre el contenido del pensar o la actividad reflexiva. Y aunque parezca atrevido, lo que otros piensan sobre uno cuando su agenda es denigrante, hostil o peyorativa, pues "vale nada". La persona vale siempre por ser persona, pero su evaluación, que es pensar, sobre mi persona, nada vale si sus contendidos son tóxicos. Pero hay un espacio para el diálogo, la reconciliación y el perdón en medio de los conflictos. Sin embargo, no podemos forzar los resultados. El pensamiento sigue siendo el último reducto de protección del si mismo cuando existen suficientes principios eficaces para resistir y actuar en las oportunidades que surjan.

Si bien es cierto que no tenemos control de lo que los demás piensan o hacen. Si tenemos potencial para contribuir a cualificar las situaciones y las vivencias. La fiesta es la respuesta positiva, mandamiento nueve, frente a una atmósfera cargada o deprimente. La fiesta es la oportunidad de ofrecer espacios de celebración. Celebrar la compañía de los otros, los intercambios emocionales propios de la familia, y los de las amistades, marcan la diferencia entre aquellos que tienen una autoestima saludable y otros que padecen de ansiedad. Porque la falta de una autoestima saludable es el inicio de eventos de ansiedad. Celebrar la vida es una invitación constante que todos podemos acoger, para crecer interiormente. La fiesta no significa concretamente música, alimentos, grupos, etc. Significa un espacio de libertad, control, celebración, intercambio, etc. De manera que uno en su sola compañía o persona, solo, puede estar de fiesta. Aunque hay personas que son portadoras de una motivación o chispa natural, y cuando llegan a los lugares alteran positivamente la atmósfera emocional del lugar y las personas. Pero este "mandamiento" supone que uno activa la fiesta en la celebración de si mismo.

El mandamiento diez nos invita a cantar nuestras virtudes, reconocimientos o cualidades. Cantarlas, pronunciarlas, acompañados o solos, siempre es saludable porque nos integra con el exterior que nos rodea, nos escuchamos y afirmamos nuestra propia imagen. No hay espacio para el temor de ser rechazado. Nada tiene que ver con cantar bien o mal. Pero si cantamos las virtudes nuestras, decimos para nosotros mismos las cualidades que nos describen, entonces fortalecemos nuestra imagen interior. Nuestra autoestima depende de la imagen interior que ha venido formándose durante la niñez, la adolescencia y la adultez. Esta imagen no es sólida, sino fluida y participa de cierta plasticidad. Por esto es importante fortalecerla, porque nuestras claudicaciones la debilitan. En fin, que la crítica, humanamente negativa y ácida, golpea nuestra autoestima con heridas profundas. Seguro, tenemos la capacidad de volver a interpretar los eventos y decidir cuánto aceptamos de las agresiones de los otros. Quizás podemos darle un significado metafórico, no cuantitativo, en medio de una interpretación efectiva, no evasiva ni enajenante. Ese es el momento de usar todos los recursos de principios y ejercicios para recuperarse y encontrar sanidad rápidamente. La compasión hacia si mismo y el perdón son generalmente indispensables.

Los falsos valores que han servido de atajo para fundamentar la autoestima son inteligencia, belleza física y dinero, (Dobson, 1979). Están muy profundamente integrados en nuestra escala de valores, es decir, en nuestra cultura occidental. La **riqueza** le añade valor a las personas, según esta perspectiva, los que tienen dinero valen mas que los que nada tienen. La pobreza que es humillante, estigma a las personas por su carencia de dinero o crédito. Nuestra historia consume estas luchas e injusticias todos los días. La televisión, la farándula, el cine o la literatura no comprometida, siembran ilusiones y fantasías cuando los muy pobres encuentran maneras legales de dejar de serlo, es decir, esfuerzo y trabajo, reciben herencias, o se casan con personas que poseen riquezas. También sabemos que la criminalidad, sin resolver esta injusticia, produce riquezas de la muerte y sangre de los enfermos esclavizados por las drogas, por ejemplo. Existen otras industrias de apego y empuje internacional que usualmente explotan a los ciudadanos en sus comunidades indefensas y olvidadas por los gobernantes. Pero estamos claros que la riqueza no añade dignidad propia e inherente. El ser humano vale por ser persona. No hay exterioridades, que pueda menoscabar esta dignidad. No hay variables o elementos externos al ser humano que pueda aumentar la dignidad humana.

La **inteligencia** como camino hacia la autoestima saludable es un trampa muy vendida. Los signos de la inteligencia son la educación o los títulos académicos, el éxito, y las posiciones de autoridad, etc.. La inteligencia y su derivado mas contradictorio, el cociente intelectual, es un "concepto privado" para el uso de los psicólogos, psiquiatras e instituciones educativas. No decimos que la educación en si misma sea indeseable, vacía o inapropiada como valor instrumental. Lo que afirmo es que nuestra dignidad personal no depende de cuánta educación tenemos o podemos alcanzar. Con educación o sin ella valemos igual por ser personas. La formación del carácter se nutre de contenidos que nos llegan a través de la educación. La verdadera función de la educación es igualmente informarnos porque vincula una generación con otra; y también es formarnos en seres humanos capaces de contribuir al cambio social. Positivamente, la educación es muy útil cuando nos provee de herramientas para los procesos de pensamiento crítico. Procuramos educarnos, pero al hacerlo tenemos en cuenta nuestra vocación y la necesidad de mantenernos activos en el mundo del trabajo durante la mayor parte de nuestra adultez. Conocemos cuánta angustia sufren los padres con hijos que tienen problemas de aprendizaje. El asunto se suaviza, se maquilla, el eufemismo sube al escenario, llamando a las limitaciones de los procesos del desarrollo "condiciones". El término "enfermedad" aparece muy lejano. El eufemismo sigue cuando se utiliza la etiqueta "especial" para marcar al estudiante de bajo potencial de aprendizaje. Nuestro sistema de valores, y los falsos valores pretenden ser atajos para una autoestima saludable. Complican y añaden malestar tanto a los padres como a los niños o adolescentes. En los espacios de trabajo los títulos académicos crean aureolas de superioridad innecesariamente, que las ejecutorias en los mismos escenarios y el desempeño laboral, pueden desmontar en un minuto.

Sin embargo, el sistema de enseñanza y aprendizaje de las escuelas públicas y privadas de EE.UU. mantienen modos y lenguajes contrarios a la autoestima. El uso de un sistema de evaluación rígido, puntos y notas, no toma en cuenta la diversidad de los estudiantes. (Aunque viene surgiendo algún cambio en este sentido.) Lo cual en principio puede constituir en la práctica una de las maneras mas obvias de menoscabar la autoestima de los estudiantes en todos los niveles. Por otro lado, el predominio del concepto de éxito, y la competencia, en el panorama de metas académicas hace que se encuentre en un callejón sin salida. Primero, porque su evaluación depende de las ejecutorias de los otros. Y segundo, porque entremedio se alza el valor del éxito como si fuera un valor final. Pero el éxito es un valor relativo. Lo es en la medida en que las metas de cada cual no solo varían, sino que son moldeadas en los procesos por muchas variantes. Estas variantes inciden sobre el aprovechamiento escolar. Algunas de estas son: nivel económico, disposiciones educativas de los padres, manejo del tiempo lectivo de la escuela, seguimiento de los padres a las necesidades de los estudiantes, problemas de aprendizaje del estudiante, presencia de estrés no manejable por el estudiante, etc. En fin, que los estudiantes de las minorías y de los segmentos poblacionales de mayor pobreza, están empujados al fracaso escolar primero, y luego a la deserción escolar. Toda esta dinámica escolar incide sobre la autoestima negativamente porque las calificaciones permanecen atadas a la inteligencia. La ecuación, equivocada generalmente, es: mejores calificaciones equivalen a mayor inteligencia.

El éxito académico no debe ser absoluto, sino personalizado, a la medida del estudiante. <u>La nueva psicología del éxito</u> de Carol Dweck, nos ubica de frente a la autoestima. Muchos podrían pensar de entrada que el éxito ya supone una autoestima saludable. Lo que equivaldría a "bautizar" la autoestima con una variable completamente externa, que puede ser alcanzable o inaccesible para algunos o para muchos. Existe una habilidad que necesita ser probada, pero existe otra que se desarrolla a través del aprendizaje. El "mindset" que fundamenta el éxito en el aprendizaje busca el desarrollo de uno mismo. Las creencias con las cuales uno decide llegar a la meta que se haya propuesto son de absoluta relevancia. El aprendizaje en si mismo es la prioridad de aquellos que buscan el éxito. Alcanzar metas requiere tiempo, esfuerzo y disciplina. Aquel concepto de éxito que celebraba logros sin esfuerzo no es el esquema mental que corresponde a una verdadera psicología del éxito. El menosprecio del esfuerzo para mantenerse en el progreso del conocimiento es un contrasentido. Los que parten de la idea de la habilidad como rasgos fijos de la inteligencia no están en el esquema "growth mindset" del aprendizaje. Inclusive el fracaso, puede ser una fuente de saber. Es decir, aprendemos cuando cometemos errores. De manera que temerle a los errores pensando que cuando ocurran exhibimos algunas de nuestras debilidades es una gran manera de ser nada auténticos. La autenticidad se muestra tanto en el error como en los aciertos. En síntesis, el fracaso no nos define, nos define el aprendizaje. Nuestra sociedad valora el esfuerzo como el camino a logros, al éxito. El menosprecio del esfuerzo que descansa sobre habilidades innatas no describen a las personas destacadas en nuestra sociedad, ni se ajustan a las realidades biográficas de nuestros líderes y modelos, según sus perfiles. Aún los que pudieran llamarse "genios" se esfuerzan tenazmente con gran disciplina hasta alcanzar sus metas. Si bien el fracaso puede ser una nueva oportunidad, el **esfuerzo** es la clave hacia el éxito. Pero este no va a validar su dignidad personal, su autoestima, pensando que son mejores que otros. Plantarse en el esquema de aprendizaje, el "growth mindset" , significa afirmar los retos, confrontar los obstáculos. En la vida escolar algunos estudiantes insisten en proteger sus egos, mostrando a sus maestros un rostro de quienes no son: un payaso, un retador, un burlón, un mueble, etc. Pero lo que si es seguro es que protegen sus egos no tratando. Decidieron no intentar aprender porque piensan que así nadie puede ver realmente cuánta habilidad poseen o no poseen. El error es que parten de la idea de que la habilidad, (inteligencia o cociente intelectual), es algo fijo, que esforzarse es un riesgo. Este es su error. Porque cuando lo hagan y fracasen igualmente, los otros pensarán que no tienen habilidad o inteligencia suficiente. Pero nuestro fracaso también es maestro. Este es el preciso momento para activar la autoestima con la reflexión que acentúa el "yo puedo" sobre el "yo tengo." El valor del estudiante como persona y su dignidad no está en discusión, aunque fracase muchas veces. Entonces hay a nuestro alrededor un gran potencial de aprendizaje perdiéndose porque ellos mismos, u otros incluyendo maestros, subestiman su potencial. El problema de ostentar "fixed mindset" consiste en permanecer en la creencia en habilidades fijas. Para estos esforzarse o no es lo mismo. Subestimar o menospreciar es agredir la zona sagrada de la autoestima de los demás. Nuestras expectativas marcan la conducta de los otros, sobre todo si estamos en posición de influir sobre estos, es decir, si somos padres o maestros. Pero no existe inferioridad permanente. El éxito no viene a uno, uno va, lo busca en las tareas del aprendizaje.

Una reflexión sobre el éxito nos dirige a entender qué es y qué no es. Ya sabemos que como variable no puede alterar la sustancia profunda de la autoestima. Martha Heineman Peiper, hace una explicación muy valiosa:

"El éxito no puede borrar los sentimientos negativos. Es un fundamento poco firme sobre el cual descanse nuestro bienestar. Los mejores estudiantes pueden recibir una B como calificación. Un atleta puede llegar en segundo lugar en medio de competencias, etc. Aprendemos a gustar del esfuerzo cuando el éxito silencia las voces críticas y apoya la autoestima independientemente del resultado." (traducción de fdh) 1. (M. Heineman Peiper, Addicted to Unhappiness, 1941) p. 76

La tarea de apoyar, aclarar, fortalecer, hacer visible la autoestima no está en contradicción con su esencia de valor y necesidad. Precisamente toda las reflexiones, ideas, y afirmaciones de que disponemos buscan que la persona coloque cada cosa en su lugar. El dinamismo que rodea el concepto de autoestima como valor y necesidad puede conducirnos a reflexiones de salud psicológica pertinentes y duraderas.

La **belleza física** se ha convertido en un ídolo, malévolo y cruel, de alcances insospechados. La celebración de concursos o certámenes de belleza son una atrocidad, una agresión a la dignidad humana. La belleza física es un activo que se hereda, se mejora, pero no perdura. Y aunque fuera de manera distinta, ampararse en esta es vergonzoso. La industria de la belleza, modelos de negocios, tiene sobre sus hombros la tragedia y muerte de jóvenes que buscan adelgazar tanto que pierden sus límites en la anorexia o la bulimia. La mujer ha sido además objeto sexual en las variantes comerciales obscenas de la pornografía, la industria de modelos, la promoción y el mercadeo, etc. Por otro lado, la fealdad se trata sutilmente como si fuera un delito que no podemos castigar. La belleza en el hombre se marca por su estatura principalmente, y luego por su musculatura o la armonía de ambos. El liderato en general, y el político en particular, lo ostentan personas de alta estatura. Hay excepciones históricas, pero muy escasas en la actualidad. En la mayoría de los países occidentales las personas de mayor estatura, elegancia y belleza física obtienen los mejores puestos de trabajo. Estos ocurre muy generalmente, con escasas excepciones en la vida laboral y en la historia política de las naciones. Concluyo, que la belleza física no es desechable ni reprobable, pero considerarla un criterio para establecer la dignidad de las personas es una agresión, un error, un desatino repudiable. Los padres cuyos hijos han nacido con enfermedades físicas que alteran, o deforman su apariencia, saben de primera mano lo que es el rechazo causado por falta de "belleza." Surge la expresión deformada de la compasión que es la lástima. La compasión enaltece, pero la lástima humilla y ofende. La compasión es amor activo, pero la lástima menoscaba y es detrimental. La Bella y la Bestia, Blanca Nieves, Adonis y Adonías en las literaturas griega y bíblica repiten este prejuicio. Hay otras narrativas parecidas, que representan el falso dilema de los falsos valores. La belleza no añade dignidad a las personas. Los hermosos y los feos tenemos la misma dignidad inalterable. En medio de esta vorágine, a la belleza física se une la sexualidad enfermiza, que no respeta roles límites, mientras pisotea la dignidad de las culturas y los pueblos.

Hay un segmento poblacional que sufre más la violencia del falso valor de belleza física y estos son las personas envejecidas. Aclaro que todos estamos envejeciendo, pero los envejecidos están en una etapa de desgaste, exclusión y menosprecio, que acentúa su sufrimiento moral. Nuestra cultura valora fuera de proporción la juventud, la adolescencia por su stamina y su belleza. Y por otro lado, subestima, desprecia, e infravalora a los adultos mayores. El menosprecio comienza negando la vejez. Llama a los envejecidos personas en: edad dorada, tercera edad, querubines, etc. Todos estos eufemismos le niegan el espacio que merecen los envejecidos. La belleza física quedó en las fotos. Ahora la pérdida parcial de memoria, de agilidad mental, de capacidad motora, de estatura, de cabello, de tejido muscular y óseo, la aparición de la piel de cebolla y profundas arrugas, etc. pueden ser sinrazones para un trato discriminatorio. Aunque sabemos por los aportes de la psicología basada en el cerebro, que los envejecidos conservan sus capacidades cognitivas fundamentales. Estos mantienen la inteligencia cristalizada, es decir, la experiencia, como su mejor recurso. Los adultos envejecidos deben ser protegidos porque muy probablemente ya han perdido la destreza de defenderse a si mismos. La familia y las instituciones tienen el deber humanista de cuidar de estos, y luchar contra las discriminaciones que les persigue. Esta lucha comienza defendiendo su dignidad de personas en todos los ámbitos y escenarios. Defender su autoestima ahora es tarea del trabajador social, del familiar mas cercano, del líder comunitario, de la iglesia, del estado, etc.

Si bien la autoestima tiene como base o fundamento la dignidad propia e inherente del ser humano, hay por los menos dos componentes adicionales. Estos son, según Schiraldi: amor incondicional y crecimiento. Los cuales ya hemos mencionado en páginas previas. El amor incondicional afirma la necesidad de seguirse amando a pesar de las contradicciones o variables externas que pudieran hacernos creer que pueden disminuir nuestro valor como personas.. Uno reconoce los eventos, situaciones, desacuerdos, conflictos, carencias, etc. Pero a ninguno le concede potencial para afectar al Yo mismo. El amor incondicional supone una relación de sujeto amante y amado. El peligro de un mal manejo de la culpa por causa de todas estas variables es real. Cuando el amor se entiende, se interioriza, se asume como incondicional, la culpa se interpreta y se limita a través de este amor incondicional. En adelante uno renuncia a la culpa. Toma tiempo para desmantelar la capacidad de daño que esta lleva consigo. La culpa busca expiar o hacer pagar a alguien el mal recibido al interior de la persona. El amor incondicional funciona como límite y escudo contra la toxicidad de la culpa. Recordamos que el amor es compromiso, actitud, sentimiento y acción. Se mueve hacia espacios de sanidad, compasión, perdón y cambio. Pero al ser incondicional, asume estos espacios que le son propios sin pretender negociaciones que escondan algún castigo sutil. No debe confundirse la responsabilidad y su ejercicio con castigos hacia uno mismo. Porque la responsabilidad es otra expresión saludable de autoestima. El crecimiento como componente no tiene sustituto. Mas bien, en ausencia de crecimiento podemos dudar de la autenticidad de la autoestima. El crecimiento significa: el desarrollo de nuestras capacidades y habilidades al máximo; ascenso que busca la excelencia; elevación de la humanidad, tanto en uno mismo como en los otros. La excelencia como meta no debe confundirse con la perfección. Esta última no es una meta sino una perversión de la excelencia. En términos reales sabotea el sentido de logro, y deforma las verdaderas metas convirtiéndolas en construcciones utópicas y patológicas. Evitamos la complacencia que se distancia del rigor del trabajo, dentro de nuestras capacidades y marcos de realidad asequibles. Luego, el crecimiento no es el resultado del valor de la dignidad humana inherente, y el amor incondicional. Es el proceso y la dirección que le son propios. Consiste simplemente en el cultivo de la integridad o la conducta moral. Recalco que el amor y la dignidad **condicional** no resultan en crecimiento, solo añaden temor y angustia. Una autoestima saludable descarta la necesidad de inflarse a si mismo. Puede en su seguridad interior, evaluar con precisión sus fortalezas y debilidades. Lo importante es saber que uno está en la jornada correcta, en el camino justo, hacia su crecimiento, para florecer.

Valores y Principios. Aunque todo este libro contiene principios explícitos e implícitos, exponerlos es siempre conveniente. Los valores tienen un carácter colectivo y cultural en su origen o fuente. Son construcciones simbólicas, cuya esencia no descansa en el ser, o el tener, sino en el valer. Es decir, los valores existen como contenidos portadores de valer. Tienen sus contravalores. Al valor del bien corresponde el mal. Al de justicia, la injusticia, etc. También tienen jerarquía. El amor es un valor que explica las esencias de la espiritualidad. Pero hay un valor superior al amor, hablando de jerarquías, y es la vida. La vida es el valor soberano de la escala de valores de la fe cristiana y de la cultura occidental. Otros valores son bondad, fraternidad, solidaridad, dignidad, etc. Se les llama también valores finales porque no hay otros sobre estos. Pero los principios son todos aquellos valores que las personas individualmente acogen o hacen suyos. Uno participa de los principios como individuo, singularmente. De los valores se participa desde la cultura y la sociedad. Pero la autoestima establece valores aún mas específicos que se relacionan con los valores en general y con los principios en particular.

¿Cuáles principios sostienen el ejercicio de la autoestima?

a. Poseo valor y dignidad en mi mismo por ser persona.

b. Existe un mundo con propósito, benévolo, ordenado, creativo, etc.

c. Podemos aspirar a metas y objetivos alcanzables, en jornadas de progreso y significado.

d. Podemos ser responsables cuando respondemos apropiadamente a las consecuencias de nuestras decisiones. Apelamos a canales constructivos en la toma de decisiones. Nos fortalecemos siendo auténticos y responsables.

e. Hay pertenencia cuando participamos de un grupo de apoyo, dentro del cual generalmente actuamos en vez de reaccionar.

f. Cada ser humano es diferente, no es comparable, es siempre valioso.

g. Me respeto a mi mismo y exijo respeto.

h. Celebro el presente, porque puedo interpretar nuevamente el pasado, pero no puedo cambiarlo. Y el futuro es incierto.

i. Me doy a mi mismo permiso para cambiar, para decir no, para terminar o comenzar, etc.

j. Puedo perdonarme a mi mismo y comenzar de nuevo.

k. Me arriesgo sin temer a lo nuevo.

l. Amar da significado pero no da perfección.

m. Puedo evaluarme a mi mismo y ser justo.

n. Puedo pensar y crear mis propios principios.

o. Puedo ser paciente: revisar mi pasado, comprometerme con el presente y tener esperanza.

p. No me preocupo por fracasar, me preocupa cuántas oportunidades desperdicio por no haber intentado por lo menos una vez.

q. El pensamiento racional es la antítesis del temor.

r. La autoestima y el temor son incompatibles.

s. La autoestima es la clave de la motivación humana.

t. El pensamiento es el ámbito completamente privado desde el cual se ejerce la libertad personal.

u. Soy perfectamente imperfecto porque soy auténtico.

v. Si no me respeto a mi mismo, no puedo esperar que otros lo hagan.

w. La humildad, coherente con la autoestima, consiste en el reconocimiento de lo mucho que nos falta por aprender.

Preguntas de análisis y comprensión:

1. ¿Qué es el Yo Crítico Patológico y cuál o cuales son sus funciones?

2. ¿Qué lugar ocupa la autoestima como necesidad psicológica?

3. ¿Qué son las variables externas? Dé ejemplos.

4. ¿Qué enfoque nos coloca en un callejón sin salida al entender la autoestima?

5. ¿Cómo explicamos la autoestima en los términos de la perspectiva vertical y horizontal?

6. ¿Qué mensajes o enseñanzas puedes derivar, deducir, o extraer de la fábula del Arcángel Caracol?

7. ¿Cómo se define el amor frente a la autoestima?

8. ¿Cuáles son los signos de madurez propios de una autoestima saludable?

9. ¿Cuál es la diferencia entre autoestima y orgullo?

10. Explique cómo se expresa una crisis de autoestima.

11. Contraste el sufrimiento apropiado contra el gratuito.

12. ¿Qué "mandamiento" de Catherine Cardinal le parece mas efectivo? Explique.

13. Identifique y explique los tres falsos valores contra la autoestima.

14. Identifique los tres componentes ejes de la autoestima.

15. Seleccione diez principios, en la forma de guiones, que uno se dice a si mismo, que sostienen una autoestima saludable.

Lección 3
Evaluando nuestra Autoestima

Propósito: Evaluar ha sido una tarea desafiante. Algunas la reciben como una agresión. Otros como un ejercicio necesario. Sin embargo, los datos nos sirven para iniciar una reflexión responsable. Procuro proveer algunos fundamentos que sirvan de soporte hacia la evaluación no exhaustiva del tema.

Evaluando nuestra Autoestima

Reconocemos que evaluar o medir cuando se trata de autoestima puede ser un ejercicio estéril. Por lo cual he insistido que los instrumentos tales como cuestionarios, son solo herramientas hacia la reflexión. Sus hallazgos no deben tomarse o entenderse como finales. Lo taxativo tiene valor cuando la investigación es el corazón de la actividad en cuestión. Pero no así, cuando lo que necesitamos es reflexionar sin juzgarnos o comprar etiquetas sobre nosotros mismos.

A. Desde nuestra imagen interior identificamos los siguientes rasgos negativos: inadecuado, ansioso, frustrado, indefenso, no amado, fracasado, oprimido, hostigado, huraño, rechazado, etc. Si estos predominan tenemos, en principio, una autoestima baja con potencial de volverse crítica. Consecuentemente, produce juicios y expectativas o **guiones erróneos** tales como:

a. Debo corregir mis errores pasados.

b. Puedo encontrar solución a mis problemas siempre.

c. Soy adecuado en todas las áreas de mi vida.

d. Soy exitoso en toda actividad o proyecto que emprendo.

e. Las cosas deben hacerse a mi manera.

f. Estar en desacuerdo es no amar.

B. Por el contrario, una autoestima saludable es la que en introspección identifica los siguientes rasgos positivos: se considera realmente diferente , posee una red de apoyo (familia, escuela, iglesia, otros grupos, etc.), asume riesgos razonables, valora amistades pero también su privacidad o soledad, disputa contra las circunstancias que pretenden reducir, cuestionar o liquidar su autoestima, posee metas y objetivos viables o realizables, conoce sus límites, distingue en medio de los conflictos los componentes personales, circunstanciales, de ideas y de actitudes, resalta los valores de su cultura, maneja los cambios como oportunidades, organiza su vida con disciplina, etc. Los peligros de una evaluación equivocada de la autoestima ocurren cuando: se usa el dinero, la inteligencia o la apariencia física como atajos para una autoestima saludable, se entra en comparaciones con otros, cuando permitimos que los eventos dolorosos cercenen toda posibilidad de perdón o nuevo comienzo, cuando perdemos de vista nuestra perspectiva del tiempo, cuando el fracaso o los logros se entienden como permanentes en vez de ser provisionales o relativos, etc. Sin embargo, el criterio sobresaliente de valoración de autoestima es la responsabilidad. Se entiende por responsabilidad nuestra capacidad para afrontar las consecuencias de nuestras decisiones. También es la práctica de la puntualidad, diligencia, planificación, entusiasmo, entretenimiento y descanso, vivencia de los valores finales, cuidado de si mismo, etc.

C. La autoestima puede clasificarse de varias maneras según cuestionarios, ejercicios de introspección, etc. Puede ser baja, promedio, saliente o muy saliente. Pero esta opción nos lanza a una carrera sobre números, hemos entendido, que pueden complicarnos, en vez de hacer simple y práctica nuestro acercamiento al tema. Es importante saber cómo es mi autoestima, pero los cuestionarios deben ser herramientas de trabajo en vez de oráculos indiscutibles. Matthew Mckay la clasifica en: basada en situaciones, y basada en el carácter. La autoestima de situaciones apela a la estructura cognitiva. Es decir, se busca confrontar las distorsiones cognitivas, afirmar fortalezas, manejar los errores y el criticismo. Se procura potenciar la confianza en si mismo. Por otro lado, aquella que parte del carácter, describe una ecuación que incluye identidad y se juzga malo, para concluir que se es malo e indigno. Hay una falta de compasión hacia sí mismo, y hay además un uso inapropiado de la función crítica. Estas dos maneras de acercarse a la autoestima nos brindan rutas de manejo y sanación efectivas. La función crítica puede alcanzar niveles morbosos. Aparece en este dinamismo lo que llama Mathew Mckay, el Yo Crítico Patológico, al cual ya nos hemos referido, Es una forma alterada de la tarea critica normal. Reconocerlo es comenzar a vencerlo. El YCP es una voz auto acusadora incansable y casi omnipresente. Su vigilancia excesiva causa malestar y disminuye el flujo en las relaciones interpersonales. Nos engaña cuando pretende venir del exterior, pero realmente es parte de nuestro flujo ordinario del pensamiento. Entenderlo como una dimensión ajena o del "no-yo," nos capacita para mantenerlo fuera de la conciencia o en silencio por algún tiempo. El YCP tiene en su agenda protegernos del miedo, del fracaso y de la culpa. Sin embargo, su función exagerada hace todo lo contrario, nos lanza hacia niveles peligrosos de culpa y vergüenza innecesariamente. Se origina, desde la perspectiva del análisis transaccional, por los defectos de la aprobación parental y toda la secuela de etiquetas peyorativas que los padres arrojan sobre los hijos en su empeño por dirigir su conducta. Algunas de estas etiquetas o calificativos son: malo, torpe, ignorante, bueno para nada, inútil, estúpido, etc. El resultado es una autoestima baja que puede reflejarse en pobreza académica, retraimiento, timidez, dificultades en la toma de decisiones, etc. Pero el YCP no deja su acción congelada, sino que falsifica la dignidad propia a través de la comparación y de la perfección. Lamentablemente, muchas veces los padres son los que hablan realmente por el YCP. Comparan a sus hijos sembrando competencias y odios muy perjudiciales. Estas son rutas equivocadas que complican las relaciones interpersonales. El trabajo del profesional de salud mental consiste en romper las distorsiones cognitivas, y fortalecer las cualidades o fortalezas. Estas se fortalecen a través de cumplidos, reconocimientos y alabanzas, en un mínimo de 20 veces por día. La reflexión a favor de la autoestima busca renunciar a juzgarse a si mismo y a los otros. Procura la aceptación de uno mismo y las cualidades siempre positivas de cada persona. En medio de nuestra cotidianidad las reglas inflexibles, la vulnerabilidad a las críticas y la perfección son variables en contra de la autoestima. Para desarmar al YCP se hace necesario conocerlo. Su primera cualidad es su actividad anónima. Y uno no puede mantenerse todo el tiempo alerta, lo cual agota el psiquismo. El manejo inapropiado de errores y la crítica obliga a una vigilancia, que distorsiona la realidad.

La madurez a la que todo ser humano aspira, es mas que biológica. La madurez en los términos psicológicos significa que hemos desarrollado la habilidad de pensar en principios. Esta etapa supone que entendemos el lugar relativo de las cosas o ideas. Las personas ocupan un lugar muy diferente. Toda persona vale mas que cualquier principio: El sábado fue hecho para servir al hombre, al hebreo; y no al revés. Los principios son como columnas y vigas del edificio del pensamiento, o esquemas, nos ayudan a ubicarnos frente a las realidades sociales y concretas. Si la autoestima no provee principios, la persona se queda huérfana, divorciada de instrumentos de protección psicológica. Estos no son mecanismos de defensa como los propone la psicología dinámica. Son afirmaciones existenciales que marcan el camino de la reflexión hacia el si mismo o el yo. Los principios son el tejido del pensamiento, sin estos no hay urdimbre. Ahora bien, la madurez nos conduce a la adultez cuyo función definitiva es la capacidad para crear conceptos. La adultez tiene como brújula a la razón. Luego, la madurez es la capacidad de crear principios acerca de uno mismo. Lo cual comienza en la adolescencia y sube la cresta en la adultez. La relevancia y pertinencia de la autoestima, la establece N. Branden, cuando explica que carecer de esta es caminar hacia el engaño, y sentirse frente al universo desnudo, desarmado y lanzado a la destrucción.

Preguntas de análisis y comprensión:

1. ¿Cuáles son los guiones erróneos, conversaciones con uno mismo, propios de una autoestima baja?

2. Explique los rasgos positivos de una autoestima saludable.

3. Explique los peligros de una evaluación equivocada sobre la autoestima.

4. ¿Cómo amplía M. Mckay el concepto de Yo Crítico Patológico?

5. Explique en sus propias palabras la siguiente afirmación: "No permita que una conquista lo conquiste, ni tampoco que una derrota lo derrote."

6. ¿Qué lugar ocupa la responsabilidad frente a la autoestima?

Lección 4
Manejo de la Autoestima

Propósito: Aunque entender sus contenidos ya es positivo, es ganancia, manejarla significa obtener **el mejo**r uso de la misma. El objetivo de esta lección implica que uno puede comenzar a aplicar los entendimientos, principios y valores a su persona efectivamente. Hay un efecto transformador en el manejo de la autoestima disponible para el lector.

Manejo de la autoestima. Se inicia su manejo con un conocimiento cabal de lo que es, y de lo que no es, según los capítulos anteriores. Una valoración de la misma incluye introspección, uso de cuestionarios, identificación del YCP, y la aplicación de algunos ejercicios de los capítulos subsiguientes. Hay sin embargo, algunos temas que son fundamentales a la hora de hablar de manejo. Estos son:

a. Identificación de las distorsiones cognitivas, a saber: uso de etiquetas, generalizaciones exageradas, pensamiento polarizado, culparse a si mismo, razonamiento emocional, pensamiento catastrófico, personalización, falacia de control, etc.

b. Compasión. Sus elementos son: <u>entendimiento</u>, que es poseer la idea de cómo uno llega a ser la persona que es; <u>aceptación</u> de los hechos cuando se suspenden los juicios de valor, nada se aprueba ni se desaprueba. Finalmente uno se sitúa al lado, muy cercano a la persona en sufrimiento o crisis.

c. Práctica del perdón. Es dejar ir el pasado, reafirmarse en el presente, y mirar al futuro en confianza. Uno renuncia a la restitución, reparación, o la venganza como acciones o exigencias.

d. Desenmascarar los falsos valores. Estos son "deberes" que pretenden servir de base para la afirmación de nuestra dignidad propia e inherente. Pero descansan sobre la idea de que el pensamiento de otros es mas importante que el de uno mismo siempre. Supone la posibilidad de revertir el rechazo o la indiferencia. Cuando los "deberes" asumen una función exclusiva se convierten en canales de irracionalidad. Nuestra opción es "preferir."

Ocho acciones positivas hacia la autoestima saludable:

1. Reconozca y acepte el carácter propio y de los otros.
2. No permita ser desmoralizado.
3. Permanezca atento a la protección excesiva.
4. Respete los límites entre las personas.
5. Procure actuar en libertad, sin presiones indebidas.
6. Comprenda las necesidades propias y la de los otros.
7. Renuncie a toda comparación con otros.
8. Cumpla las promesas que comparte con los demás.
9. Nadie puede hacerme víctima si yo no se lo permito.

La relevancia de la autoestima se explica porque entre otros conceptos, define la salud mental. Es la consecuencia, expresión y recompensa de la mente que se compromete con la razón. Pero la ansiedad y la culpa pueden ser signos de enfermedad mental, capaces de desintegrar el pensamiento, subvertir los valores y paralizar la acción, (N. Branden). Según su concepto de autoestima, la fe es incompatible con la autoestima porque descansa sobre un universo de fuerzas de las cuales el ser humano no tiene control. Si el control desempeña una función tan decisiva, entonces hay que concluir que la autoestima busca satisfacerse como necesidad, pero el control puede ser una luz en lontananza. Somos parte de la naturaleza y participamos de sus modos y transformaciones. Creo que aspirar al control fuera de nuestro pensamiento es una ilusión. La naturaleza es poderosa y se rige por sus propios patrones, principios, ciclos, dinamismos y leyes. Y conocerlos o suponerlos no nos da control sobre ellos. La razón sigue siendo el instrumento para conocer la realidad. La ecuación razón-realidad incluye una definición de realidad que solo acepta los datos de los sentidos externos del ser humano o sensibles. Pero los linderos de la realidad son infinitamente mas amplios que nuestros sentidos. El universo está conectado entre si. Hay un diálogo permanente entre todas las formas y estructuras del universo, que la ciencia comienza a develar. Quizás podemos influir sobre los procesos, pero generalmente, al final del camino, la naturaleza nos muestra su rostro en una versión renovada. Esto es, sin negar nuestra capacidad para dañar o proteger. Si así no fuera, no tendríamos el problema del cambio climático sobre el planeta, por ejemplo. Podemos detener o disminuir su avance, aunque hay áreas del problema que son irreversibles.

Identificar el **pensamiento adictivo,** en los términos de Bryan Robinson PhD, es una tarea necesaria si queremos superar la autoestima baja. Este pensamiento adictivo describe un sistema de creencias que erosionan la estabilidad emocional. Hay un movimiento de carrusel o noria que lo caracteriza. No hay crecimiento, sino decadencia y mayor malestar o sufrimiento. Los patrones, también guiones o afirmaciones, del pensamiento que describe Robinson son los siguientes:

1. Algo debe estar mal en mi. Soy una persona indigna, despreciable e inadecuada.
2. Nada puedo hacer para cambiar mi vida.
3. No hay orden ni propósito en la vida, solo estrés, miseria y decepción.
4. Algo muy horrible me ocurrirá pronto, debo estar preparado para lo peor.
5. La vida es una batalla muy dura, y debo luchar para imponerme, resistir lo que me desagrada y mantener las cosas como están.
6. Los demás me causan las dificultades que tengo.
7. Me siento como una persona fracasada porque no pienso en los éxitos que alguna vez haya tenido.
8. Nunca perdonaré el mal que otros me hicieron.
9. Las tareas que hago deben ser perfectas, pero lo que logro no es suficientemente bueno.
10. El juego y la diversión son una pérdida de tiempo.

Nuestros pensamientos crean las condiciones de nuestro entorno físico y emocional. Por lo cual, el pensamiento adictivo, propio de una autoestima baja y en crisis, necesita ser superado. Lamentablemente, estos patrones pasan de una generación a otra de padres a hijos a través de la crianza. Sanar significa cambiar los pensamientos adictivos y sus patrones por pensamientos de sanidad psicológica. Su importancia es tal que Robinson hace una afirmación muy peculiar:

"Todos somos criminales. No lo somos porque hayamos quebrantado el sistema legal. Pero hemos violentado las leyes de sanidad." 2 (Bryan Robinson, Heal Your

<u>Self-esteem</u>, Florida: Health communications, Inc., 1991) p. 21

Los **principios** de sanidad o leyes que acoge Robinson son:

1. De percepción. Nuestra percepción sobre nosotros mismos y nuestro entorno es el resultado de escenarios del pasado y sus realidades que pueden modificarse. No cambiamos los hechos sino nuestras percepciones de los mismos hechos con verdades e instrumentos de interpretación racionales.
2. De libertad. Siempre tenemos opciones de como pensar, actuar y sentir. Esta libertad es substancial a nuestra condición de seres humanos. Nadie nos la puede quitar o robar.
3. De optimismo. Podemos ser optimistas cuando miramos los lados o aspectos positivos de las situaciones. Se requiere paciencia para encontrar elementos positivos en la mayoría de las circunstancias, pero su presencia es generalmente real.
4. De expectación. Las expectativas crean efectos de cumplimiento sobre nosotros mismos, que a su vez crean experiencias para ser lo que queremos ser.
5. De armonía. Podemos alinear nuestros sentimientos, ideas y acciones de tal manera que fluyan con la naturaleza en armonía. Existen fuerzas naturales del universo que debemos tener en cuenta.
6. De control y poder. Recibimos poder cuando nos pensamos como sobrevivientes en vez de víctimas en la vida. Igualmente cuando nos hacemos responsables de nuestros sentimientos, pensamientos y acciones.
7. De Boomerang. Los pensamientos que ponemos fuera de nosotros generalmente regresan a nosotros como los boomerang.

8. De Magnetismo. Atraemos a personas a nuestras vidas que sienten, piensan, y actúan igual a nosotros. Luego, las personas mas cercanas a nosotros son nuestro espejo.
9. De inspiración. La sanidad sobre los pensamientos adictivos proceden de nuestro interior hacia afuera, y no al revés.
10. De oportunidad. Una vez hemos sanado tenemos entonces espacios libres y nuevos para vivencias de felicidad.

Los principios 7 y 8 son parte de las concepciones metafísicas de Robinson. Y la cualificación de "criminales" es solo metafórica. Sin embargo, la unidad de principios o leyes es lógicamente necesaria y efectiva. En fin, que la trascendencia es innegable independientemente de nuestras posturas filosóficas. La trascendencia existe o es con nuestro reconocimiento o sin el. Nunca estuvo fuera de nuestra concepciones o ideas. Existe la neutralidad política, o mecánica, etc. por causa del margen de relatividad en que vivimos. Pero no existe la neutralidad absoluta o universal. El relativismo filosófico lleva en si mismo su contradicción. Si todo es relativo, también es relativo, puede ser cierto o falso, el mismo relativismo.

Nosotros hemos violentado las leyes de la sanidad según Bryan Robinson. Lo hicimos cada vez que no seguimos los principios de sanidad anteriores. Destaca que todos estamos en una jornada espiritual y que los principios de sanidad pueden cambiarnos o transformarnos. En la actuación de nuestra jornada, las percepciones que nos alcanzan son nuestras interpretaciones. No debemos recibirlas como finales, petrificadas o inmóviles. Las interpretaciones que son subjetivas explican por qué las mismas situaciones producen emociones diferentes en las personas. A fin de cuentas se espera que la sanidad sea movimiento. A manera de ejemplo: de percepciones adictivas a percepciones de sanidad, de reacciones a acciones, de pesimismo a optimismo, del resentimiento al perdón, etc. El fondo de los patrones adictivos del pensamiento generalmente aparece en la crianza cuando los padres suelen ser contradictorios o muy contradictorios e impredecibles. La confusión se traduce en interpretaciones y códigos de interpretación que se proyectan sobre muchas áreas de la personalidad. Surge un equipaje de códigos e interpretaciones erradas que cargamos o nos carga durante el tiempo que nosotros decidamos. El psicólogo Kurt Lewin explica con su teoría de campo que no actuamos fundamentados en la realidad objetiva, sino en lo que percibimos que es verdad, independientemente si armonizan con la realidad objetiva o son ilusiones.

Una de las prácticas necesarias que está implicada en una autoestima saludable es el perdón. Mantenernos en resentimiento convierte aquel pensamiento en una espina venenosa, un aguijón. La cual puede mutar físicamente, dada la unidad y comunión entre cuerpo y mente, en enfermedades físicas fatales como el cáncer. El perdón es **decisión y es un proceso**. Sin discusión sabemos que perdonarnos a nosotros mismos es mas complicado que perdonar a otros. Sin embargo, el proceso del perdón comienza con recrear los escenarios de dolor que produjeron una ofensa, agravio, agresión o violencia física o moral contra otro o hacia uno mismo. Debemos procurar un espacio para establecer responsabilidades, intenciones, agendas personales, contextos del evento, etc. de todos los que participan de la misma vivencia. Yo, que busco en este proceso un espacio, examino si la compasión es posible. Si es posible en ambas direcciones: desde mi persona hacia otros, o desde mi voluntad hacia mi mismidad, mi yo mas íntimo. Si no puedo compadecerme de mi mismo, probablemente tampoco pueda hacerlo con otros.

También me pregunto si después que se asume responsabilidad, hay algún espacio para la confesión de culpa. Confesar la culpa libera al confesante, desata al victimario de angustia, y retoma una posible reconciliación con la víctima. Hay veces que lo mejor es seguir adelante sin rehacer nuevas relaciones, haya o no confesión. De manera que el proceso de perdonar es un intenso diálogo, voluntario, presencial, o virtual, real o simbólico entre todos o algunos de los involucrados. Finalmente, el perdón se concede como el cierre del proceso de intercambio de ideas, emociones y acuerdos. Ni el proceso ni su cierre pueden obligarse. Pueden concederse como una oferta de crecimiento, continuidad y amor. La autoestima saludable supone una capacidad real para perdonar. El beneficio de perdonar es infinitamente mas rico, que la obstinación que se centra y se repite a si mismo, que "tengo razón, y me asiste la verdad y la justicia." Cada evento tiene su contexto. Pero mi salud emocional me reclama que perdone, que aprenda a perdonar, que renuncie a la obstinación estéril y enfermiza. Hay instancias en que la ayuda profesional es recomendable. El perdón sin los procesos de diálogo es tan inapropiado como ofrecer comida fría en días de invierno. Puede asumirse como decisión desde uno mismo pensando en la propia salud emocional. Porque el resentimiento es terriblemente tóxico, y madura en patologías físicas. Por nuestro propio bien, preferimos perdonar. La mediación se nutre del perdón en su expresión mas amplia. Un esquema gráfico del proceso del perdón sería el siguiente:

Instrucciones: Identifique a un moderador externo si es necesario. Invite a los involucrados a diálogos de reconciliación o perdón. Conceda igual tiempo cuando estos se expresen. Nadie podrá interrumpir a quien esté hablando. Repita las oportunidades de catarsis 2 o 3 veces como mínimo. Se evitan acusaciones contra personas ausentes. No se permiten los insultos. Se mantiene un tono de voz bajo o medio. No se permite gritar o alzar la voz hacia los participantes. Conceda un espacio para preguntas de información. Pregunte, busque consenso y sondee cuándo sea tiempo de moverse a la próxima etapa.

Etapa 1. Identifique a las personas involucradas por sus nombres:

A. _____

B. _____

C. _____

D. _____

Etapa 2. Describa la situación. Identifique las acciones y sus consecuencias. Observe las emociones mas sobresalientes. Contraste las actitudes entre los participantes. Requiera respeto hacia los espacios físicos, psicológicos y emocionales entre los participantes.

Etapa 3. Espacios o turnos de expresión o catarsis: Participante a, b, c, d. Repita esta etapa si es necesario. No pase a la próxima etapa sin consultar con los participantes. ¿Estamos listos para pasar a la siguiente etapa?

Etapa 4. Procure acuerdos, afirmaciones y acciones futuras si son necesarias.

Etapa 5. Invite a todos a hacer expresiones de perdón (verbales, gestuales o simbólicas), etc.

Etapa 6. Escritura y redacción de los acuerdos con la participación de todos. Firma del documento, con copias para todos.

Probablemente, el perdón hacia si mismo es el mas difícil de manejar porque la subjetividad se interpone de manera constante. Lo cual es necesario para actuar sobre el presente con espontaneidad y libertad. Pero no somos especiales ni en la singularidad positiva ni en la imperfección negativa. Aunque se ha teorizado que la diferencia es tan precisa y evidente que muchos prefieren llamarse "únicos". Pero abogo y defiendo que nos pensemos diferentes, la cual no nos eleva sobre los otros ni tampoco nos hunde o sumerge frente a los otros. Ahora bien, no nos excusamos por ser diferentes, quizás podemos celebrarlo. Esto es, cuando la celebración se cuida de no caer en el orgullo. Pudiera elaborarse un laberinto hacia el perdón de uno mismo. Colin Tipping nos cuestiona con su obra Radical Self Forgiveness. Identifica la "sombra" de la que habla en sus escritos de C. Jung. La explica como la culpa y vergüenza reprimidas. Tipping, integra la inteligencia mental, emocional y espiritual. Su concepto de espiritualidad también parte del movimiento religioso conocido como Metafísica. El cual niega e mal, el pecado, la materia, y la pluralidad. De manera, que no existen accidentes, maldad, conspiración, culpables, etc. Concluye diciendo que nadie está haciendo algo malo. El error y la ignorancia explican los eventos humanos. Luego, no hay víctimas ni victimarios. Equivale a descartar el concepto tradicional de perdón que supone maldad, propósito de hacer daño, perpetradores y víctimas, etc. Si los eventos, interpersonales y comunitarios, "ocurren por una razón" entonces la maldad como fenómeno del mundo humano carece de significado. En todo hay un propósito divino. Solo hay neutralidad moral: las cosas o situaciones no son sino útiles o inútiles. Pensar en los daños personales recibidos como intencionales es un sin sentido. Nadie es culpable, nadie quiere hacernos mal como suponen los presupuestos del perdón convencional. Lo que ocurre es que todos estamos ocupados en las mismas jornadas de lograr y crecer, mientras permanecemos rodeados por los otros. El peregrinaje compartido permite que seamos perjudicados y perjudiquemos. Pero no es algo real, que hagamos a propósito o intencionalmente, según Tipping. Y si no existe en el exterior objetivamente, tampoco existe en mi interior subjetivamente. A fin de cuentas, me parece que esta negación del mal, y del daño, las víctimas y victimarios, etc. no resuelve el problema de la culpa y sus consecuencias. Reconocemos que la culpa tiene una dimensión psicológica y otra teológica, de lo cual no nos ocuparemos en este libro. Pero negarla es inconsecuente, nada produce, nada se gana o logra. Sin embargo, hay otras propuestas, por ejemplo cuando escribe:

"Desde un punto de vista práctico, perdonar a otros que representan aspectos negativos de nosotros mismos, hace del auto-perdón y el aceptarse a si mismo , algo mas fácil. Y es así porque tenemos a alguien fuera como representante del si mismo a quien referirnos." 3 (Colin Tipping, <u>Radical Self Forgiveness</u>, 2011) p. 21

¿Cuando alguien me ofende debo pensar que hay en mi una limitación que explique la acción del otro sujeto en mi contra? No lo debo entender como algo personal. Hay una imagen de los otros en mi, que me representan frente a mi conciencia. La imposibilidad lógica de perdonarse sigue porque uno es sujeto y objeto al mismo tiempo. Apela Tipping, a los conceptos de personalidad subordinada a la personalidad amplia, para dar lugar a la relación sujeto y objeto. Desde los esquemas de Jung y sus arquetipos, propone que el perdón puede ser funcional cuando se identifica al Observador, el Juez residente, el Yo amante, Yo Sagrado, etc. No hay víctimas ni perpetradores, desde este enfoque, solo hay "maestros y estudiantes". El problema de este esquema es que deja fuera la responsabilidad y la justicia. La culpa se plantea como el antagonismo entre el Yo Sagrado y el ego humano. La consecuencia de la lucha estriba en la sugerencia inaudita de que ser humano es una tragedia, porque el Yo Sagrado es incuestionable.

Superando las creencias erróneas sobre el "Yo mismo." La crianza es el inicio de un proceso en que la "felicidad" comienza a ser vinculada al dolor emocional. Este dinamismo entre padres e hijos podemos especificarlo en los siguientes términos:

> "En general, los que tienen una baja autoestima recibieron más mensajes negativos que positivos en su niñez. Los que dudan de su valor y dignidad recibieron respuestas condicionales. Las cuales incluyeron: 'Si tu…. entonces puedes ganarte tu valor como persona.' Así vive en angustia porque no alcanza las condiciones que se exigen para valorarse. Pero la persona con una autoestima alta recibe mensajes incondicionales, por lo cual no tiene que ganarla." 4 (Dorothy Corkille Briggs, <u>Celebrate Yourself</u>, 1977) p. 33

Todos los autores o teóricos sobre la autoestima concuerdan en la importancia de la crianza. Corkille Briggs describe variantes básicas de este desarrollo:

a. La baja autoestima está fundamentada sobre mensajes negativos, despectivos, humillantes, etc. Solo hay oscuridad.

b. La autoestima basada en condiciones necesarias para sostener la dignidad propia es una luz de faro en la oscuridad de la noche. La intermitencia define su presencia.

c. La autoestima alta recibió mensajes de valor incondicionalmente. Y no tiene que esforzarse demasiado por entender su valor. Pero una autoestima que dependa de variables externas en principio adolece de salud y eficacia. Para ser eficaz necesita bastarse a si misma sin variables condicionales, habiendo superado los mensajes que la infravaloraron.

La felicidad no se refiere a una experiencia trascendental, sino a la armonía relacional múltiple, unida a un alto nivel de satisfacción y de logro. Los niños deben recibir de los padres amor incondicional. El contacto físico de los padres afirma la seguridad en si mismos. No los daña en ningún sentido. El otro aspecto de la crianza que incide sobre las emociones de los niños es la disciplina. Por disciplina no debe entenderse castigo físico, ni humillación, ni restricciones de movilidad, etc. Este manejo de la conducta infantil produce amargura, y que se sientan inadecuados, sucios, etc. El niño piensa que la infelicidad es algo deseable y normal. La verdadera disciplina es la enseñanza que explica las conductas positivas de los demás, y las marca como las que se esperan de ellos. Explica también las consecuencias de las conductas para si mismo, y para otros. Establece límites que deben ser respetados. Da a conocer las consecuencias de traspasarlos, otra vez, como consecuencias sobre uno mismo. Los medios de requerir el cumplimiento de los límites son las sanciones y las recompensas, las cuales deben ser siempre verbales y en proporción a la conducta, y a la edad del niño o adolescente. El hecho observable es, que en medio de la familia, mostrarse muy feliz, puede aparecer algo insólito, fuera de contexto. Precisamente, debemos procurar ser felices, sentirnos amados incondicionalmente, mientras reciprocamos amor. Un niño procura ser feliz al recibir lo que quiere en el momento que lo quiere. Su actitud de poderío sin límite es parte de la inmadurez de su edad. Es una conducta completamente normal. Algunos autores como Martha Heinenman Peiper, sustituyen la disciplina por "regulación amorosa." Ser permisivos es una ausencia de disciplina que confunde el proceso de crianza. La regulación amorosa muy bien valora el **diálogo** como el recurso mas efectivo para mejorar la conducta infantil. Los padres deben conocer qué conductas son propias de la edad. Primero, para no exigir conductas que los niños no pueden hacer. La frustración es perjudicial porque distorsiona la imagen que el niño se está haciendo de si mismo. Incrementa el malestar de los padres, quienes se ven a sí mismos como inefectivos. Por lo cual conocer las conductas que son propias de cada edad añaden seguridad al proceso de crianza porque el amor si puede expresarse como incondicional. Claro, que esta ausencia de condiciones para amar no es absoluta, los padres deben clarificar constantemente sus expectativas en el diálogo. Sin embargo, cuando la crianza sigue siendo dentro de la disciplina tradicional que descansa sobre sanciones y recompensas, pero el castigo está implícito, la infelicidad surge casi espontáneamente, porque procede de la crianza y sus consecuencias. Ya sabemos que la crianza tradicional prefiere también la disciplina tradicional, aunque hay un cambio en las sanciones y las recompensas. Los juguetes electrónicos, los equipos propios de la internet, instrumentos musicales, uso de automóviles, y otros, son parte de la negociación a la hora de aplicar sanciones y recompensas. Sentirse positivamente vinculado a los padres no es una debilidad, sino un logro del desarrollo emocional. El trastorno de apego pertenece a otro ámbito de investigación. En fin, que la disciplina no debe ser ignorada si es que queremos adultos responsables y exitosos. No recomiendo el castigo físico nunca, ni las humillaciones, el sarcasmo o la ironía, el insulto, etc. Solo recomiendo el diálogo cuando podemos garantizar la escucha activa de los involucrados. Los espacios psicológicos y los límites deben respetarse siempre, independientemente de la edad, el sexo, el rol, o la transgresión cometida o sus consecuencias. La ausencia de toda disciplina, o ser permisivo, la falta de normas o reglas, los modelos contradictorios de padres o abuelos, si perjudican la autoestima porque la responsabilidad se hace invisible, indeseada, etérea. Y la responsabilidad es una gruesa raíz del árbol de la autoestima. Es la manera en que podemos ponderarla. Los cuestionarios son útiles, pero la responsabilidad tiene mas voces que un grupo coral, y suena mas recio que un trueno.

El manejo de la autoestima puede ocurrir como el viaje o ruta que siendo similar a otras lleva al mismo fin o destino. Según G. Linderfield la autoestima se "construye" utilizando elementos o reglas (que ya hemos examinado en otros autores y capítulos) bastante específicas. Sus diez reglas hacia la autoestima son: examen de uno mismo, explicación, amor, centrar la atención, perspectiva, estrategia, desencadenantes, estimulo, experimentación, seguimiento. El conocimiento de uno mismo, o el "mirarse el ombligo," es una actividad reflexiva que ya hemos identificado y hemos recomendado maneras para lograrlo. Aunque la autoestima, claro es, no se agota con el amarse a uno mismo, sin duda alguna este amor está implícito. No es egoísmo. El egoísmo ve a los demás en la periferia de la neblina de su propia imagen. También ocurriría que las personas se sumergen hasta el fondo en sus problemas creando un torbellino alrededor de si mismos.

Una crisis de autoestima produce una respuesta defensiva. Ya vimos que la ansiedad emerge, pero la persona se entrega a una actividad frenética, se apasiona por los otros o una buena causa, dirige sus energías a manejar un temor secreto, ahoga los sentidos con alcohol y otras drogas. El egocentrismo de los niños, propio de esta etapa, no debe confundirse con el egoísmo de los adultos. La inmadurez del niño asume culpa por los males que le rodean, precisamente porque es egocéntrico. De ahí, la importancia de estar cerca de estos para canalizar positivamente el sufrimiento que llega a los niños y sobre el cual estos no tienen maneras de defenderse. Cuando surge la crítica, el error y los desaciertos, se plantea la necesidad de manejarlos de tal manera que puedan superarse el egoísmo, el egocentrismo, etc. La inmadurez es una apreciación muy particular por su relatividad. En esta identificamos etapas del desarrollo que eventualmente son superadas por otras etapas. Pero la madurez, para usar una símil, es como el tronco de un árbol y sus anillos visibles en un corte transversal. Estos crecen sobre el anterior, no los disuelve ni lo anula. El nuevo anillo del árbol se integra al anterior para crear fortaleza en el tronco en su posición vertical. Así la madurez consiste en encontrar y afirmar la posición apropiada en medio de los desarrollos que emergen en el interior de nuestra vida. La integración domina el crecimiento para recibir y dar fortaleza. La autoestima saludable hace posible las adaptaciones internas que la madurez supone. Todas nuestras experiencias son anillos del mismo tronco. Están integradas, en solidaridad existencial. La armonía es el resultado de crecer en la misma dirección: vertical. Sin la autoestima saludable la madurez se detiene, hay retrocesos que marcan decepción y frustración. Los principios que sustancian la madurez permanecen activos toda vez que las relaciones humanas son esenciales al ser humano porque somos gregarios.

Una de las consecuencias de la vida en comunidad es la experiencia de **estrés**. Ocurre cuando percibimos que hay un peligro, amenaza o daño inminente, cercano o futuro, real o simbólico, imaginario, etc.. Nuestras respuestas afectan todo nuestro cuerpo y mente. Hay un margen de estrés bueno, que es indispensable a nuestras funciones ejecutivas. Pero el estrés de ordinario necesita ser manejado para evitar la enfermedad física, la "quemazón" en el trabajo, y los problemas de comunicación. Los síntomas del estrés sobre la conducta son relevantes y merecen ser observados. Estos son: falta de concentración, incapacidad para escuchar con atención, hablar muy poco o mutismo, preferir la soledad, gritar innecesariamente, actuar con precipitación, dificultad para tomar decisiones, aspecto físico descuidado, no corre riesgos, acostarse o levantarse demasiado tarde, no acudir a citas ni socializar, comerse las uñas, hurgarse la nariz, etc. Aunque en principio el estrés es un asunto de percepción, nuestra respuestas sutiles o evidentes siempre dejan alguna huella en nuestro cuerpo y fisiología. Una autoestima baja incide sobre la experiencia de estrés, la aumenta, la hace patológica. La percepción detrimental que resulta del estrés modifica las funciones corporales, cognitivas y ejecutivas. Estas respuestas han sido tipificadas en: pelea o corre, (fight or flight), parálisis, etc.

Por otro lado, Hans Selye amplía los efectos cuando elabora sobre las tres etapas que resultan de una experiencia de estrés prolongado. La duración del estrés marca sus consecuencias negativas. A mayor duración, mayor es el daño. Selye las identifica en: alarma, resistencia, y desgaste. Permanecer entre estas sin manejarlas efectivamente perjudica la salud y las relaciones interpersonales. Dos asuntos son necesarios en este punto: Primero, que manejemos efectivamente nuestra autoestima. Segundo, que manejemos positivamente el estrés de la vida cotidiana. Algunas recomendaciones para ponerlo en control son:

1. Establezca prioridades en su lista de tareas diarias y semanales. Revise sus metas a la luz de cambios en su ambiente laboral o familiar.

2. Tómese siestas durante el día, al menos dos. Hay evidencia suficiente que demuestran que el desempeño laboral y académico mejoran cuando tomamos siestas durante el día.

3. Verifique que sus áreas de trabajo y en el hogar posean suficiente luz, temperatura agradables, bajo nivel de ruido, muebles cómodos, etc.

4. Participe de diálogos con personas hábiles en la escucha activa de conversaciones. Estos pueden ser amistades probadas o profesionales de la salud, asesores espirituales, etc.

5. Practique su deporte favorito, jardinería o pasatiempo.

6. Separe tiempo para escuchar música, leer su libro preferido, viajar, etc.

7. Aproveche los beneficios de la oración, la meditación, o la asistencia a lugares de culto.

8. Explore experiencias de humor, entretenimiento asistiendo al teatro, al cine o su proveedor de internet.

9. Identifique cuáles y dónde están sus fuentes de estrés. Actúe sobre estos para desinflar su "peligrosidad" en su interpretación.

Los autores Mathew Mackay y Dorothy Corkille plantean sus conceptos de la autoestima partiendo del análisis transaccional. En el mismo, los estados del yo desempeñan una importancia definitiva. Estos estados representan funciones, relaciones y desarrollos diferentes dentro del yo, según este enfoque. El Dr. Eric Berne, psiquiatra, en su obra <u>Juegos en que Participamos,</u> define y describe los estados del yo y sus posibles "juegos" o combinaciones dinámicas. Aunque hay tres estados básicos, padre, niño y adulto, se espera que el adulto domine la personalidad. El padre natural o nutritivo es quien lleva todo el aprendizaje desde la infancia, ejerce autoridad y poder, protege y alimenta, impone creencias, normas y valores, da libertad, permite el crecimiento. El padre crítico juzga, culpa, castiga, disciplina, limita, etc. El niño natural celebra, es creativo, espontáneo, intuitivo, emotivo e irracional. El niño adaptado es caprichoso, reprimido, rígido, dependiente, resentido, temeroso, etc. Es el resultado de la acción no superada del padre crítico. El yo crítico patológico, YCP, es una deformación del padre crítico que se enquista en relaciones dolorosas. El adulto es el estado del yo que permite la acción del padre y del niño en eventos de moderación y equilibrio. Su herramienta fundamental es la razón. Percibe la realidad racionalmente, es decir, sobre la base de datos y hechos frente a evidencias y en los modos mas precisos. Procura la reflexión autónoma en la toma de decisiones. Se caracteriza por su determinación y control. En los términos de la autoestima, hay un movimiento que necesariamente marca la salud. Estos movimientos o procesos son los siguientes:

1. Disminuir la voz y presencia del Padre Crítico

2. Manejar los mensajes negativos cuando estos quieren ser escuchados.

3. Permitir que el niño natural sea libre en su expansión.

4. Activar al Adulto permitiendo que el mismo elija colocarse a si mismo en el círculo ganador.

5. Hacer contacto con el yo real, su Ser Esencial

Todas estas transacciones del yo constituyen otra manera de explicar qué hacer para alcanzar una autoestima alta o saludable. La disciplina codificada en los diferentes estados del yo afirma una vez mas la importancia de la crianza, de la cual no podemos prescindir. Sin lugar a dudas, entender todos estos estados del yo y las posibles transacciones puede requerir ayuda profesional. Lo que pretendo recalcar es la disponibilidad que tenemos de manejar la autoestima desde diferentes enfoques. Recordamos que la diversidad de las personas en su carácter y desarrollos, hace posible que unos enfoquen funcionen y otros no. Pero la psicoterapia siempre rinde algún efecto positivo. El mas evidente es una mejora en la autoestima. Sin embargo, es necesario vigilar el lenguaje con el que nuestra mente dialoga. Una elección importante podría ser nuestro propio padre nutritivo.

Podemos renunciar a la culpa y el resentimiento, sustituyéndolos por perdón y compasión hacia uno mismo. El asunto estriba en impedir el dominio a la vez del padre crítico. La única manera de identificarlo es a través del lenguaje. Cuando los deberes se hacen dominantes y exclusivos es el tiempo de levantar banderas de alarma. Recordemos que los deberes pueden cambiarse por "preferencias," yo prefiero, yo decido, yo deseo , yo escojo", etc. También es importante observar la presencia de una falsa meta que es la perfección. La cual es lógicamente inaccesible, y humanamente irrealizable. No sabemos si estos "deberes" se mueven detrás de una meta ultramundana, no existencial. Lo importante es atajar los deberes con responsabilidades, preferencias y alternativas. El que busca la perfección se concentra en el desempeño, en la excelencia en superlativo. Por lo cual su interior desmaya porque piensa que siempre está entre dos opciones: lograr o perecer. De la misma manera, la búsqueda de aprobación de los demás se convierte en una triste carrera que descarta la libertad personal. Sin libertad no se puede afirmar la integridad propia ni la autonomía. La persona que busca complacer siempre a los otros, pierde su propio territorio emocional y psicológico. Es necesario dejar de disculparse siempre, dejar de decir Sí, atreverse a decir No sin temor.

Podemos producir una síntesis de los conceptos ya planteados en los siguientes términos:

1. Detrás de cada frustración hay una expectativa no alcanzada. Es hora de alterar o modificar las expectativas originales.

2. El pasado doloroso puede ser evaluado, pero no debe hacerse presente. Debe quedarse como epílogo, pero nunca como el texto fundamental. El futuro debe brillar alto como las estrellas.

3. La gratitud y la infelicidad no pueden existir juntas. Nuestra capacidad de integración interior dependen del lugar de la gratitud. Su mejor versión es transformarla en actitud vital.

4. Distingue entre tu persona, y las conductas, emociones y pensamientos. Las variables externas o internas pueden confundir nuestra autoestima en su realidad de valor inherente e incondicional.

5. El malestar interior se reduce cuando dejamos de juzgarnos. La crítica usualmente es portadora de juicios que contaminan las percepciones que tenemos de nosotros mismos. Por lo cual un manejo adecuado de la crítica exige conocimiento de uno mismo y ser asertivos en vez de reactivos.

6. No permitamos que los juicios de otros activen los nuestros. La "basura" que otros nos arroja no tenemos por que recibirla. Nos negamos a hacerla nuestra.

7. Idealizar en la relación de pareja nos asegura decepción. Esta relación cuando es madura explora un conocimiento recíproco, y los espacios para idealizar se reducen.

8. La paz interior es un regalo de uno para uno mismo. La búsqueda de la paz camina paralela con la renuncia a la rebeldía. El primer paso para deshacerse de la rebeldía es el silencio. Es el requisito insoslayable para escuchar activamente. El segundo paso es la gratitud como actitud vital, y el tercero es compromiso con los valores finales, a saber: vida, justicia, verdad, amor, libertad, etc. Nos dedicamos a causas justas. Afirmamos el diálogo y la armonía en todas sus posibilidades.

9. Aunque vivimos en medio de constantes procesos, somos esencialmente los mismos. Nuestro Yo interior es sustancialmente el mismo.

10. Tenemos libertad para no reaccionar frente a los otros, especialmente cuando son pregoneros de juicio.

Las **expectativas,** que podamos tener sobre nosotros mismos afecta nuestra capacidad de lograr. Sabemos que estas afectan la manera en que actuamos. Igualmente, la manera en que actuamos afecta e influye en la forma en que los demás responden a nosotros. En el contexto educativo de la escuela elemental, según Robinson, los maestros con sus expectaciones comunicadas esperan una conducta y nivel de aprovechamiento particular de sus estudiantes. El hecho comprobable es que las altas expectativas sobre los estudiantes lleva a estos a lograr altos niveles de aprovechamiento. Al mismo tiempo cuando hay un nivel bajo de expectativas sobre los estudiantes, estos logran un nivel bajo. Al paso del tiempo, el logro y conducta de los estudiantes se ajusta mas y mas a la expectativa original sobre ellos. La primera instancia que afirmamos es que tenemos una oportunidad y deber de revisarlas sobre los demás, porque podemos afectarlos positivamente. Y segundo, la experiencia de los estudiantes inmigrantes en EE.UU puede ilustrar la repetición de este fenómeno en una modalidad negativa. Los ambientes escolares pueden definirse como de bajas expectativas sobre los estudiantes latinoamericanos. Lo cual es otro de los signos del racismo institucionalizado en las escuelas de aquella nación. Esperar lo peor, movidos por el pensamiento catastrófico, afecta a todos los involucrados en los entornos sugeridos. Generalmente, los estudiantes latinoamericanos necesitan varios años para poder manejar el choque cultural y del idioma inglés que supone llegar y vivir en aquel país. La educación en Español e Inglés en salones de transición pudo ser de ayuda para algunos estudiantes con grandes rezagos educativos. Aunque la intención es prepararlos para lo que se llama la "corriente regular" en el uso de Inglés solamente.

En los términos de la autoestima debemos preguntarnos si las expectativas que exhibimos y trabajamos son apropiadas, altas y alcanzables como metas. Uno no debe transformarlas en variables que cuestionen la fortaleza y eficacia de la autoestima. Recordamos que nuestro lema mas relevante no es "yo tengo," sino "Yo Puedo."

La preparación física es un área insoslayable en el cultivo de una autoestima saludable. Aunque el fenómeno de preocupación por la salud aparece primero en las personas mayores de 55 años, los grupos jóvenes también han mostrado interés por la salud por su vínculo con la apariencia física y con la sexualidad, dentro de la cultura erótica en que vivimos. Otro interés en la salud puede verse en el uso de suplementos naturales y el auge de la medicina alternativa en general. Por otro lado, los estilos de vida vegetariano han ganado cada día mas seguidores. La opción "macrobiótica" busca un balance porque sigue usando pescado, pero deja de consumir carnes, huevos y lácteos. La preferencia solo de lácteos y huevos tiene también un grupo de seguidores importante. Explica el consumo en descenso de estos productos. El gusto por los estilos de la simplicidad sigue creciendo como estilo de vida respaldado por un mercado de inmobiliaria y mobiliaria a tono con los mismos. Los énfasis en salud han recuperado el valor de:

1. El ejercicio al aire libre, las caminatas, las visitas al bosque, correr, natación, uso de bicicletas, excursiones a pie, etc.

2. El uso de suplementos que compensan las deficiencias de las dietas de comida rápida o chatarra.

3. La práctica de deportes de resistencia.

4. Las visitas al gimnasio como una actividad necesaria.

5. La búsqueda de la higiene del sueño o un sueño reparador de energías.

6. Vuelta al consumo inteligente de las frutas y los vegetales.

7. Menor consumo de azúcares, grasas saturadas, harinas refinadas, pastelería, etc.

8. Preocupación por el peso del cuerpo para evitar el sobrepeso o la obesidad.

9. Separar o poner en calendario tiempo para entretenimiento y descanso.

Hay en este renglón un llamado a planificar la vida diaria para que sea coherente con estos énfasis. Obviar o desatender el asunto de la alimentación, el ejercicio y el descanso y sueño nos puede dar sorpresas muy dolorosas y hasta fatales. Nuestro mayor activo, necesario e imprescindible es nuestro cuerpo. Amar, aprender y trabajar son difíciles sin un cuerpo saludable.

Preguntas de análisis y comprensión:

1. Explique qué relevancia tienen en la autoestima el perdón, la compasión y las distorsiones cognitivas.
2. Explique en qué consiste el pensamiento adictivo.
3. Explique la importancia del perdón como decisión y proceso.
4. ¿Qué dificultades presenta el perdón hacia uno mismo?
5. ¿Qué lugar ocupa la crianza en el entendimiento de la autoestima?
6. Explique las limitaciones de la crianza tradicional cuando procura moldear la conducta de los hijos.
7. Explique la importancia de las expectativas en la autoestima y en la enseñanza.
8. Comente su apreciación del tema del estrés y su manejo.

Lección 5
Opciones Reflexivas

Propósito. Esta lección busca crear vínculos sobre el material ya expuesto. Al mismo tiempo procura mantener la posición racional saludable, que se ubica fuera de los extremos conceptuales. Estos procuran invalidar al si mismo, es decir, cuando hay orgullo o soberbia. La autoestima para serlo es racional y balanceada.

Opciones Reflexivas:

1. "No soy especial, ni soy único". Solo soy diferente. Nadie tiene la combinación genética que yo tengo. Mis padres y hermanos son solo míos. El arreglo neural y cerebral que tengo es producto de mis vivencias y herencia. Las palabras que uso, las usan muchas personas, pero yo las uso en un orden y pronunciación, irrepetible y privado. Este es mi estilo. Mi voz tiene una tonalidad y timbre inconfundibles. Puede parecerse a otros, pero nunca es idéntica. Mis razonamientos corren por surcos que otros no conocen. Porque mis pensamientos son solo míos. Alguna vez sus surcos eran veredas, luego fueron caminos…Algún día pudieran ser avenidas. Aunque son el elixir de la cultura y mi vernáculo, son solo míos. Nadie puede escribir como yo. En mi escritura expreso una parte de mi alma. Cuando camino, solo yo camino así porque mis músculos, huesos, tendones y ligamen-

tos tienen un diálogo solo suyos. Cuando nací, también nacieron otros miles de seres humanos como yo, pero ninguno en el lugar exacto que yo nací, de los padres que yo nací. He oído la voz de Dios, pero nadie la escucha como yo, porque oír es elección y llamado. Errar es una de mis esencias. Soy amado y amante."

Puedo preguntarme: ¿Cómo fortalezco mi autoestima siendo diferente? ¿Cuánto me cuesta serlo?

_____

_____

_____

_____

_____

_____

_____

_____

_____

_____

2. Me Arriesgo. Aunque cometa más errores o parezca tonto, de todos modos me arriesgaré. No voy a tomar en serio todo lo que ocurre a mi alrededor, solo algunos asuntos. Voy a probar más oportunidades, aunque requieran mucho esfuerzo. Prefiero manejar los problemas reales, y desatender los imaginarios. Me levantaré más temprano para oír el can-

to de las aves, y ser testigo del amanecer. Intentaré nuevas tareas aunque pierda tiempo y derroche materiales. Y si es necesario comenzar de nuevo, lo haré. Celebro la vida en todo su esplendor, que es regalo divino.

Puedo preguntarme: ¿Acaso el temor al riesgo me ha detenido en mi crecimiento interior? ¿Estoy atrás según mis propias evaluaciones por temor al riesgo?

_____

_____

_____

_____

_____

_____

_____

_____

_____

_____

3. Soy responsable. Reconozco que soy libre y puedo superar la fuerza inapropiada del "deber, o el "tengo que." Puedo entender que actúo desde mis propias opciones. Nadie puede decidir por mi. Nadie puede pensar por mi. Puedo aspirar al éxito sin entenderme determinado por los resultados, logros, o el fracaso. Estoy consciente de que mis acciones producen consecuencias. Puedo afrontarlas con valentía. Aunque al de-

cidir, las consecuencias pueden moverse contra mi propio yo, no renunciaré a este privilegio humano. Procuro actuar en armonía con mis creencias, valores y principios. Estoy decidido a tratarme con respeto. En medio de las crisis, tendré compasión de mi mismo. Entenderé los límites y posibilidades de los otros en sus situaciones. Renuncio a juzgarlos, pero afirmo mi llamado a ser colaborador en todo tiempo.

Puedo preguntarme: ¿Estoy fortalecido en mi carácter por actuar con responsabilidad? ¿Cómo respondo a aquellos que apelan a la responsabilidad como un arma o en acciones acusatorias?

_____

_____

_____

_____

_____

_____

_____

_____

_____

_____

_____

4. Nuestro cuerpo es una maravilla de la naturaleza. Contamos con siete billones de eslabones de DNA. En el curso de nuestra vida, nuestro cuerpo produce cinco tonela-

das de proteínas. Nuestro corazón pesa solo once onzas, pero es capaz de mover o bombear tres mil galones de sangre cada día. Poseemos 200 billones de células cerebrales. Y podemos realizar más de 100 billones de billones de conexiones cerebrales. Nuestro hígado puede funcionar aunque sea recortado en un 80%. Puede regenerarse en pocos meses hasta su tamaño original. Podemos recordar 100 billones de piezas de información, etc. (D. M Stine, <u>Brainpower</u>, 1997)

Puedo preguntarme: ¿Estoy consciente de la maravilla, grandeza, y armonía que la naturaleza ha puesto sobre los seres humanos? ¿Puedo entender que conociéndonos mas, la vida puede exigirnos mas?

_____

_____

_____

_____

_____

_____

_____

_____

_____

_____

_____

5. Hay una falta de balance entre deberes y derechos en nuestra vida personal. Distintos a los escritos en las le-

yes de los estados o constitucionales, los puedo entender en otros o en mi mismo en medio de las relaciones interpersonales. Ocurre que los deberes pueden asfixiar nuestra voluntad cuando se mueven sobre las aguas pútridas de la culpa. Podemos rescatar nuestros "derechos" para encontrar un verdadero equilibrio. Algunos derechos olvidados son: a equivocarme, a cambiar de opinión, a comenzar de nuevo, a expresarme sin ser interrumpido, a estar solo, a solicitar ayuda, a satisfacer mis necesidades, a parecer despistado, a ser incoherente por breve tiempo, a retirarme en la angustia, a ser imperfecto, etc. Soy un ser humano.

Puedo preguntarme: ¿Hay balances en mi vida personal? ¿Estoy preparado para actualizar o reclamar "mis derechos"?

_____

_____

_____

_____

_____

_____

_____

_____

_____

_____

_____

6. El optimismo como principio y actitud vital busca la paz consigo mismo. No se conforma con sobrevivir, busca vivir en superlativo. Se hace una sustitución de pensamientos negativos y pesimistas por unos positivos y optimistas. El optimismo descansa sobre la valoración y necesidad de lo bueno o el bien que son metas alcanzables. La vida tiene dos caras como las monedas, según Robinson, el asunto está en darle igual tiempo a lo positivo. Se reconstruye el pensamiento negativo al expresarlo en otras palabras y perspectivas. El balance entre las diferentes áreas de nuestra vida nos da visión de conjunto que sostiene el optimismo. Algunas de las áreas son: aceptación, paz, amistad, gratitud, bondad, responsabilidad, etc. En términos relativos, hacemos de nuestra vida lo que queremos hacer. Reconocemos que no tenemos control de las variables de las situaciones que nos rodean. Pero podemos influenciar sus desarrollos o sus aplicaciones. Los desacuerdos, problemas y conflictos son parte de la vida. Los problemas llevan consigo una solución. Los conflictos ponen de manifiesto nuestra fortalezas y áreas por mejorar. Las derrotas o victorias son provisionales. Siempre nos enseñan. No hay espacios para encumbrarse si es que sinceramente buscamos un punto medio entre el orgullo de logros y la culpa del fracaso. Los desacuerdos en medio de las relaciones interpersonales nos permiten conocer mejor a los otros y a nosotros mismos mas ampliamente. La duración de las variables negativas nos guían hacia la construcción de expectativas realistas. Uno se pregunta si la nueva situación es permanente o provisional, si las consecuencias son manejables, si tengo las herramientas conceptuales o de valores para darle a las situaciones y sus variables un rumbo nuevo, bueno o positivo. Probablemente, la mas audaz de las acciones propias del optimismo y engastada en la autoestima es aprender a contar nuestras bendiciones. Las bendiciones

son los eventos portadores de bien. Hemos recibido bienes, oportunidades de crecer y conocer, amar y servir, aprender y corregirnos, etc. Todas entrarían en la categoría de "bendiciones" porque son bienes que llegan a nuestras vidas para enriquecerla.

Martin Seligman, PhD., en su obra <u>Learned Optimism</u>, explora las posibilidades del optimismo recalcando en la necesidad de aprenderlo. Este aprendizaje podría significar la superación de la depresión. El problema consiste en que los guiones pesimistas, lo que uno se dice a si mismo, suelen realizarse como profecía cumplida. Las caídas, pérdidas o retrocesos en la conducta pueden evaluarse de manera positiva. Es de importancia pivotal valorar los guiones con las herramientas de valores y principios.. Al analizar la conducta nuestra debemos dejar atrás la insistencia de las teorías psicológicas que explican la conducta basados en la biografía de cada cual, las recompensas y los castigos. Aquellas perspectivas le daban todo el peso al ambiente, y dejaban fuera al pensamiento. El asunto es que todos desarrollamos hábitos o patrones de pensamiento, ya en la niñez o la adolescencia, que explican nuestra visión del lugar que ocupamos en el mundo. Esta visión es el corazón ya del pesimismo o del optimismo. Lo cual igualmente nos prepara para elaboraciones conceptuales o del pensamiento de dos categorías:1. Explicaciones permanentes acerca de los eventos de la vida nuestra, que nos encadenan a la pobreza emocional. 2. Explicaciones provisionales que nos conducen a la resiliencia. La resiliencia es nuestra capacidad para recuperarnos, y volver a nuestra situación de control y celebración de la vida ordinaria. El pesimista piensa que los eventos malos tienen causas universales y los eventos buenos se explican con factores específicos. Mientras que los optimistas piensan que los eventos negativos tienen causas específicas, y los eventos buenos contribuyen a un mejoramiento y progreso en todo lo que las personas hacen. El optimista encuentra causas temporales y específicas para las desgracias. Porque siendo temporales las explicaciones sus efectos también lo son. Hay en el horizonte cotidiano y comunitario un nuevo comienzo esperándonos. Claro, que debemos mantenernos alertas para evitar que la manía como lo opuesto a la depresión incida en nuestra conducta. Puede ocurrir cuando el optimismo excede las proporciones lógicas. Algunas conductas propias de la manía serían: grandiosidad, euforia excesiva, hablar sin descanso, acción frenética, egocentrismo desbordante, etc. Por otro lado, las personas sumidas en depresión suelen adjudicarle sus males o errores a su falta de habilidad o su indignidad. Piensan que no valen nada. Ahí vemos ya claramente un problema de baja autoestima como la raíz de la depresión. Los pensadores Albert Ellis y Aaron Beck contribuyeron a superar las teorías que lo explican como un problema de química cerebral o de ira hacia uno mismo. El tema cognitivo, la confusión consciente, podrían explicar mejor la depresión. El pensamiento es la brújula que marca la dirección correcta. La depresión es un conjunto de síntomas causados por pensamientos negativos. Las emociones vienen directamente de lo que pensamos. Supone que el ser humano posee un nivel de dominio sobre su pensamiento. Puede elegir qué pensar, y la duración de esos pensamientos. Si uno piensa que está seguro, tiene paz. Si piensa que está perdido se siente en angustia, etc. Las teorías cognitivas detallan todas las distorsiones del pensamiento que lo hacen confuso o inefectivo. Proponen las formas correctas, apropiadas y lógicas del pensamiento para hacerlo saludable. Dos principios básicos en este sentido son la búsqueda de evidencia y el énfasis en la precisión o lo específico como herramientas siempre presentes. Este es el nuevo enfoque, que A. Beck llamó terapia cognitiva. Que efectivamente vence la depresión. No se dice que el pesimismo cause depresión, sino que hay una relación circular. Ocurre que los deprimidos son altamente pesimistas. Dicho de otra manera, el terreno mas fértil para la depresión es el pesimismo, sumado a un ambiente hostil. Aunque el uso de medicamentos o drogas puede ser efectivo en etapas de crisis, el manejo del pesimismo es completamente necesario a través de la psicoterapia. En todo caso, ventilar las emociones en medio de sus límites, y tomar acción son las respuestas decisivas.

Puedo preguntarme: ¿Cómo descubro herramientas y nuevas opciones para situaciones dolorosas que se repiten? ¿Qué puedo hacer con las marcas o huellas imborrables que el optimismo no logra superar con sus posibilidades de interpretación?

7. La **gratitud** es la actitud y acción definitiva que marca los niveles mas profundos del optimismo. La gratitud como actitud vital significa que puedo ver de alguna manera que el universo está a mi favor, que nada es suerte, destino, casualidad, sinrazón, etc. El universo tiene planes y propósitos. Hay una agenda providencial de parte de Dios en favor de todos los seres humanos. Lo cual no excluye la realidad existencial, estructural e histórica del mal. Aunque el optimismo no las niega pero ve el lado siempre bueno y positivo de todas las cosas primero. Este bien es el que domina y prevalece en el mundo. Se necesita descubrirlo y decodificarlo porque usualmente nos llega a través de antítesis y paradojas. No hay espacio para la queja repetida que usualmente nos sumerge en mayor angustia y aislamiento. La gratitud nos regala armonía con nuestro entorno y las personas que nos rodean. Los problemas, desacuerdos y conflictos siguen, pero en medio de la gratitud, no tienen "garras, dientes o aguijones" para dañarnos. Cuando damos gracias por lo que ya tenemos, transformamos la escasez en abundancia. Otra vez, celebramos lo que ya tenemos en medio de nuestra búsqueda de armonía interior.

Puedo preguntarme: ¿Es la gratitud como actitud vital un camino sin salida? ¿Puedo esconderme tras la gratitud para negar la frustración y el coraje? ¿Tengo las herramientas conceptuales e intuitivas para hacer la decodificación efectiva de las antítesis y paradojas de la vida? ¿También de la injusticia debo dar gracias, o debo hace aquí una excepción?

8. "Nadie se baña dos veces en el mismo río." Se atribuye a Heráclito, pensador griego, esta afirmación. Perteneció al grupo de filósofos dedicados a responder a la pregunta ¿Qué es el arjé? La sustancia primera del universo pudo ser agua, aire, tierra, el fuego. Para este pensador, el cambio era la verdadera sustancia, y el fuego lo representaba perfectamente. Hay un fluir constante de la realidad, del ser, que impide penetrarlo. Todas las cosas permanecen en constante cambio. Nada es estable o concretamente quieto. Nadie puede bañarse dos veces en el mismo río, porque el río en que uno se bañó la primera vez, después de uno usarlo ya no es el mismo, porque ya estuve en él. Es aquel en que ya me sumergí. Si me bañara nueve veces, todas las veces sería uno distinto. Frente a las situaciones estresantes es bueno recordar que nada es permanente. Que el cambio, el fluir de la realidad está a mi favor. No puede alcanzarme y retenerme. Si todo cambia, yo cambio con las circunstancias, puedo relajarme, mientras las realidad se mueve en su curso de

transformaciones. Desde esta postura hay descanso, no hay estrés, peligro. Porque este necesita alterar las situaciones y a las personas con la misma grieta. Lo cual es imposible dada la fluidez de la realidad. Descansemos en el fluir del río que sostiene todas las cosas. Todo cambia menos el cambio. El cambio, el movimiento, el devenir es la realidad.

Puedo preguntarme:

1. ¿Cómo define Heráclito la sustancia primera?

_____

_____

_____

_____

_____

2. Explica: "El fluir de realidad está a mi favor."

_____

_____

_____

_____

_____

3. ¿Cómo aplicas el cambio a los peligros o retos de la vida diaria?

_____

9. El aprecio y el menosprecio son acciones constantes en nuestro trato con los demás. No son inevitables. Nuestro aprecio o estimación puede estar motivado por atracciones de pareja, por comunión de ideas, de intereses, de perspectivas vitales, de experiencias juveniles o de la adultez comparables, por juicios y valoraciones comunes, por prejuicios implícitos en el diálogo, por cualquiera o muchos de los matices del amor. etc. Nuestro menosprecio puede ser el resultado de perspectivas vitales muy contradictorias, de enfoques espirituales o religiosos muy disímiles, de etiquetas despectivas recibidas o aplicadas a otros, de diferencias étnicas o culturales, de violencia contenida buscando cómo expresarse, etc. Sin embargo, nuestra madurez nos reclama e invita a evitar el menosprecio en cualquiera de sus contextos o modalidades. Cuando menospreciamos levantamos una agresión emocional hacia los demás. Cuando somos menospreciados alguien intenta rebajarnos o disminuirnos para imponer su falsa superioridad, ya sea de orden narcisista o por pura soberbia. Pero depende de cada persona qué hace con la agresión que le estrujan contra su pecho. Interpretar y canalizar son opciones relevantes. Cualquiera que fuera el caso, estar conscientes de esta dinámica es el comienzo de una respuesta sanadora. Ser víctima es generalmente, en este sentido, una opción. Cuando nuestra autoestima es saludable o alta podemos manejar el menosprecio de manera

positiva. Podemos movernos en salidas airosas. Aunque no ocurra instantáneamente. Hay veces que nuestra sabiduría comienza con posponer una respuesta frente al menosprecio. Pero esta no puede ser la manera preferida o constante de responder. Las respuestas tardías pierden su momentum, pierden eficacia. Cuando consideramos el menosprecio una realidad amenazante y permanente, comenzamos a vivir en aislamiento. No la consideramos algo socialmente normal o sin sentido. Tampoco podemos permanecer en una actitud defensiva constantemente. Se agotarían nuestras fuerzas psicológicas. A menos que bebamos de una espiritualidad positiva, viva, luminosa, sonora y renovable. La esencia de toda espiritualidad activa y con significado descansa en el amor y la justicia. En fin, que el amor que es respeto, compasión, colaboración, etc. debe ser la ruta preferida frente al menosprecio. Este amor no aparece para silenciarnos, sino para establecer los límites necesarios y reclamar las respuestas mas justas. "Nadie te menosprecie" marca una salida digna y efectiva frente a las realidades interpersonales de encuentros, desencuentros, acuerdos y desacuerdos, conflictos y conspiraciones, malentendidos, errores y omisiones, etc. Una autoestima saludable capacita para el manejo apropiado de los menosprecios. De ahí la necesidad de conocer, fortalecer, reflexionar y nutrir nuestra autoestima constantemente. Les invito a actuar ya. Paz.

Puedo preguntarme:

1. ¿Cómo respondo a los menosprecios

_____

_____

_____

2. ¿Cómo desinflar la hostilidad cuando la misma se dirige a mi?

3. Construya un mapa conceptual usando los conceptos afines con el menosprecio.

Lección 6
Ejercicios hacia el Fortalecimiento de la Autoestima

Propósito: Fortalecer es mas que solo manejar. Los siguientes ejercicios buscan dejar huellas profundas sobre nuestras maneras de pensar. Al realizarlos cada uno de estos amplían nuestro horizonte interior muy positivamente.

Ejercicios hacia el fortalecimiento de la autoestima:

1. Escribe tu propio **Credo Personal**. Describe tus valores en una oración. Afirma tus preferencias "sobre" tus deberes. Concéntrate en el presente. Ejemplo:

   Creo que la vida es el regalo divino por excelencia. Sin la vida el amor es un vacío. Creo en la justicia que emana de Dios, y en su perdón que nos garantiza su compañerismo y solidaridad. Creo que el ser humano es digno en si mismo. Su valor no lo determinan logros, situaciones o evaluaciones de otros significativos. Disfruto estar en familia, pero también estar en soledad. Prefiero la lectura de un buen libro antes que las grotescas representaciones de una película o filme. Creo que el universo está lleno voces, y Dios nos habla de muchas maneras. La música penetra todas las esferas de la vida. Hay paz y sabiduría cuando nos esforzamos por escucharla en todo tiempo. La gratitud tiene el potencial de cambiar positivamente nuestra perspectiva de los otros, del universo y de uno mismo. Soy bendecido cuando afirmo y recuerdo que estoy en peregrinaje hacia la eternidad, hacia Dios.

2. Escriba una **Lista: Sé lo que Puedo Hacer**, Incluye todas las cosas, actividades, acciones, etc. que sabes hacer y puedes hacer. Incluye las que son obvias, y las que corresponden a tu persona, oficio, profesión, o trabajo, etc. Tu lista puede llegar a 200 como mínimo, o a 500. Tómate tu tiempo. Ejemplo: Puedo leer y escribir. 2. Puedo escribir poemas. 3.Aprendí a compartir ideas y pensamientos. 4. Sé pintar mi casa. 5. Disfruto ir a la playa. 6. Celebro la adoración pública y privada. 7. Puedo hacer un análisis gramatical preciso y conveniente. 8. Puedo hablar y escribir con fluidez Español e Inglés. 9. Puedo leer en griego Koiné. etc.

3. Prepare su **Red de Apoyo**. Dentro están todos aquellos que acuden a tu ayuda en momentos de crisis, orientación, necesidad o peligro. Este grupo pueden ser hasta 10 personas. Algunos sirven de apoyo en asuntos económicos, espirituales, familiares, relaciones de pareja, etc. Activar, descartar, y reclutar personas es una actividad constante. Supone autenticidad y honestidad hacia uno mismo y los otros. Un solitario es aquella persona que carece de Red de Apoyo, y no está interesada en construir el suyo. Lo cual puede ser emocionalmente perjudicial. La vida gregaria y poseer una red de apoyo

son asuntos diferentes. Porque vivir en comunidad es siempre necesario para la salud emocional óptima.

4. **Recompensas para uno mismo**. Crea un espacio para escribir, poner en agenda y realizar recompensas. Podemos aprender a tratarnos bien. El castigo siempre es contraproducente. Estas recompensas deben ser deseables y accesibles. El tiempo entre la conducta deseada y la recompensa debe ser breve. El uso del dinero o la comida no son recomendables para ser recompensas. Algunos ejemplos de recompensas son: tomarse una o varias siestas al día, quedarse en casa solo un día de trabajo, darse un baño en burbujas de jabón, separar toda una tarde solo oír música, pasear por el litoral o las montañas sin un destino fijo, acampar, asistir a un concierto o una obra teatral, etc.

5. **Afirmaciones de razón**. El mejoramiento personal se hace considerando que uno mismo es relativamente su propia autoridad. Todo cambio que comienza desde adentro, de nuestro "fuero interno," es mas efectivo que otros que surgen desde el exterior. Cuando queremos realizar acuerdos con nosotros mismos, necesitamos plantearnos una afirmación y una razón. Las afirmaciones son decisiones sobre nuestra conducta, positivos, que implican desarrollo de la personalidad. Son para el uso diario o cotidiano. La razón es el motivo que se persigue con esa afirmación. Estas afirmaciones de razón se formalizan con un Contrato Consigo Mismo. Este tendría la siguiente forma:

Yo _____ **acuerdo conmigo mismo hacer las siguientes afirmaciones, por las razones siguientes:**

a. Afirmación: _____.

   Razón: _____.

b. Afirmación: _____.

   Razón: _____.

Ejemplo 1:

Afirmación: Daré gracias por todas las situaciones que me ocurran durante el día.

Razón: La gratitud cambia mi perspectiva de la vida.

Ejemplo 2:

Afirmación: Hablaré con los árboles y las mascotas.

Razón: Necesito incluirlos en mi existencia.

6. **Inventario del concepto propio.** Las personas en reflexión examinan los siguientes aspectos: apariencia física, relaciones interpersonales, ejecutorias académicas, satisfacción en sus trabajos, ejecutorias sobresalientes en la comunidad, funciones mentales y cognitivas, sexualidad, etc. Valore sus percepciones en una escala del 1 al 10. A manera de ejemplos: apariencia 8/10, relaciones interpersonales 9/10, ejecutorias académicas 8/10, etc.

7. **Fortaleciendo la imagen interior.**
Este ejercicio busca fortalecer la imagen interior de manera positiva . Lo cual se logra afirmando cualidades en primer lugar. Luego se busca escribir oraciones positivas sobre si mismo. Se recomienda que uno escriba al menos 10 cualidades de uno mismo. Usándolas escribe 10 oraciones en primera persona del singular, "yo." A manera de ejemplos:

1. Soy disciplinado. Soy disciplinado cuando organizo mis libros, y demás materiales a la hora de escribir. Separo lugar y tiempo para realizar mis tareas.

2. Soy paciente. Puedo esperar en la seguridad de que todo puede resultar bien.

3. Soy solidario. Puedo escuchar las necesidades de otros, colocarme en sus zapatos. y actuar a su favor.

4. Soy diligente. Trabajo mis actividades o tareas a tiempo y me preparo anticipando eventos del día siguiente.

5. Tengo fortaleza interior. En medio de las adversidades puedo levantarme, recuperarme y comenzar de nuevo. (Resiliencia)

8. **"Aunque me ocurre _____, Sin embargo _____."**
El amor incondicional necesita ser fortalecido. Y la realidad diaria es que recibe muchas contradicciones que pretenden deshacer el carácter incondicional. De otro modo, constantemente la culpa ganaría fuerza en medio de las decisiones, afectando al Yo mismo de cada persona. Uno puede y debe reconocer las situaciones desagradables sin condenar a su Yo mismo. Según Glenn R. Schiraldi, este amor incondicional, la dignidad propia, y el crecimiento son las piedras angulares del edificio de la autoestima. El crecimiento es el piso alto de la autoestima. La salud emocional y psicológica supone un margen de crecimiento interior que se amplía en la madurez personal. El crecimiento es un marcador defi-

nitivo de salud que continúa en estrecha relación con el amor incondicional. Otros teóricos le han llamado a este componente "florecer."

El ejercicio: "Aunque me ocurre _____, sin embargo _____."
Primero se admite la situación que pretende ser condicionante de la autoestima. Segundo se concluye con una afirmación positiva y real sobre el Yo mismo. Un ejemplo de este ejercicio sería: "Aunque estoy sobrepeso, sin embargo me amo a mi mismo." También podría ser el Sin embargo: "Muy dentro de mi estoy feliz, soy yo mismo." El desprecio de si mismo es enfermizo. La salud emocional requiere que las personas muestren hacia su Yo mismo, su mas íntimo y profundo ser, amor incondicional. De todos modos debemos responder apropiadamente a las situaciones de salud, primero por si mismo, y luego con la ayuda de profesionales cuando sea necesario. Este ejercicio no busca negar los problemas, sino desinflar las cargas emocionales que pudieran llevar, busca fortalecer el amor incondicional.

Lección 7
Mirándonos el Ombligo

Propósito: Conocerse a si mismo es el fundamento de la inteligencia emocional. Un aspecto funcional de este conocimiento es la responsabilidad, que a su vez es un marcador de la autoestima. El propósito de esta lección es servir de espejo, en principio, para promover el conocimiento de si mismo.

"Mirándonos el ombligo..."

El conocimiento de uno mismo es de tal relevancia que marca cuánto manejamos el diálogo entre lo que somos y lo que podemos ser. Nuestra mirada no puede buscar otro objeto sino nuestro propio yo... Desde afuera es "mirarnos el ombligo", que es el último reducto visible del viaje uterino. También es un signo de la unidad madre-hijo, que la adultez debe superar. Nuestra salud mental, sugerida por equilibrios, depende de las decisiones que ya tomamos hacia el yo ideal. Estas no deben desatenderse ni distanciarse de nuestro verdadero yo. El tema del éxito reaparece en nuestra reflexión precisamente porque nos falta personalizarlo y objetivarlo al mismo tiempo. Extraerlo de ilusiones o fantasías es imprescindible. Supone disciplina, que nos permita una definición nueva de fracaso y éxito, según leemos de Carol Dweck en su obra <u>Mindset: The New Psychology of Success,</u> 2007.

Aunque nuestra autoestima no puede depender de ninguna variable externa, como el éxito por ejemplo, este depende del conocimiento, amplio y preciso, que podamos tener de nosotros mismos. Exponerse a estas herramientas nos garantiza un saber de uno mismo mas confiable y preciso.

Los siguientes ***Cuestionarios*** no buscan medir taxativamente. Son herramientas de trabajo a la hora de reflexionar con coherencia. Por lo cual, su uso debe adaptarse a las necesidades personales.

1. Cuestionario sobre responsabilidad. Lea y reflexione al contestar Sí o No.

    a. ¿Ha leído o visto algún libro, artículo, ensayo, documental, etc. sobre salud, mejoramiento personal, espiritualidad, etc. últimamente? _____.

    b. ¿Le cuestiona a su médico cuando le prescribe nuevos medicamentos? ¿Busca una segunda opinión cuando no está de acuerdo con su diagnóstico? _____.

    c. ¿Usa su cinturón de seguridad cuando viaja en su automóvil? _____.

    d. ¿Respeta usted los límites de velocidad cuando conduce su auto, al menos la mayoría de las veces? _____.

    e. ¿Se considera un empleado eficiente, un vecino solidario, una voz progresista? _____.

    f. ¿Atiende su salud familiar buscando tiempo de ocio, salidas con los hijos, tiempo para su pareja, tiempo de "soledad" para usted, etc.? _____.

    g. ¿Recicla plásticos, cartón, periódicos, aceites, gomas, etc. con frecuencia? _____.

i. ¿Mantiene el nivel de sonidos en su casa solo para usted, sin violentar la privacidad de los vecinos, y en los horarios correspondientes? _____.

j. ¿Mantiene un consumo de agua, electricidad y gasolina apropiado a sus necesidades y capacidades? _____.

k. ¿Estaciona su carro apropiadamente al salir fuera de su casa, sin obstruir salidas privadas o públicas? _____.

l. ¿Puede tomarse en serio en situaciones conflictivas, mientras reconoce su lugar específico? _____.

m. ¿Mantiene limpios los alrededores de casa o accesos a su apartamento? _____.

n. ¿Maneja sus finanzas apropiadamente para no ser "carga" a los familiares? _____.

o. ¿Descuida su manejo del auto para hablar usando el celular? _____.

p. ¿Procura informarse sobre los temas, cuestiones o polémicas que aparecen en los medios de comunicación? _____.

2. <u>Inventario de Autoestima</u>. Marque del 1 al 10 cada una de los temas según su acuerdo. El 1 corresponde para un desacuerdo completo, y un 10 para un acuerdo completo. Sea sincero al responder.

   a. Mi salud física. _____

   b. Mi relación con otros del sexo opuesto. _____

   c. Mi relación con mi padre cuando era niño. _____

   d. Mi relación con mi madre cuando era niño. _____

e. Mi relación con mi padre cuando era adolescente. _____

f. Mi situación económica en general. _____

g. Mi habilidad para dar amor. _____

h. Mi sentimiento de haber sido perdonado por Dios. _____

i. Puedo recibir cumplidos o reconocimientos sin avergonzarme. _____

j. Mi libertad de culpa sobre la sexualidad. _____

k. Mi propia autodisciplina. _____

l. Mi amor y reverencia por Dios. _____

m. Mi libertad para perdonar. _____

n. Mi libertad de la depresión. _____

o. Mi habilidad para dar amor. _____

p. Mi amor y reverencia a Dios. _____

3. Optimismo-pesimismo. El pesimismo se nutre de la exageración, la generalización, y la vaguedad que se aleja de lo impreciso, entre otras distorsiones cognitivas. Otra de sus fuentes es la crítica que busca desmontar imágenes personales o producir grietas en nuestro propio yo. Aumenta el pesimismo porque nos hemos acostumbrado a vivir en un ambiente donde la crítica es de consumo diario. De tal manera que nos sentimos mas cómodos con la crítica que con las alabanzas, reconocimientos o recompensas. Marque su nivel de acuerdo con un número: 1-fuertemente en desacuerdo, 2-en desacuerdo, 3-acuerdo, 4-en completo acuerdo. Marque su opción:

a. La vida está llena de problemas. _____

b. Asumo que la gente es sincera. _____

c. Puedo enfrentarme a la mayoría de los retos. _____

d. Lo que empieza mal, termina mal. _____

e. Nací para ser un perdedor. _____

f. Los problemas me siguen a dondequiera que voy. _____

g. Me gusta la manera en que luzco. _____

h. Soy una persona digna. _____

i. Ninguna cosa que haga es bastante buena. _____

j. Yo decido que me puede hacer daño. _____

4. Identificando el **pensamiento adictivo**. Bryan Robinson destaca los patrones del pensamiento que complican la autoestima hasta requerir un manejo o abordaje profesional. Este es el pensar, que activa una baja autoestima. Otra vez, recuerde que este cuestionario es un instrumento para el análisis y la reflexión. No tienen un valor taxativo de evaluación. Lea, reflexione, y marque un Sí o un No en el espacio que se provee.

   a- ¿Puede sentir malestar por aquello que Usted debió hacer y no hizo? _____

   b- ¿Muestra resistencia frente a las cosas por ser de la manera que son? _____

   c- ¿Se considera usted una víctima? _____

   d- ¿Guarda frecuentemente resentimientos? _____

   e- ¿Permite que el miedo domine su vida? _____

f- ¿Se considera indigno, malo o despreciable? _____

g- ¿Procura siempre complacer a los otros? _____

h ¿Estás buscando cosas del mundo exterior que hacen o haría feliz? _____

5. Una opción de **valoración de autoestima** nos la ofrece Marilyn J. Sorensen. Al leerlas y observar su veracidad en si mismo, marque si es cierta o falsa en el espacio provisto. Tome su tiempo para reflexionar. Subraye aquella palabra que le produce mayor atención. Coincide con muchos otros cuestionarios que tocan al mismo tiempo temas mas específicos ya elaborados. Reflexione.

1. Me siento devastado, frecuentemente, cuando me critican. _____

2. Me siento avergonzado cada vez que cometo un error. _____

3. Minimizo mis logros, y magnifico mis errores. _____

4. Soy muy crítico de mi y de los demás. _____

5. Temo que hagan de mi un estúpido. _____

6. Experimento mucha ansiedad cada vez que estoy en situaciones nuevas. _____

7. Tengo períodos en que experimento mucha depresión. _____

8. Me siento sin interés y entusiasmo fácilmente. _____

9. Tengo dificultad para establecer límites apropiados. _____

10. Estoy demasiado preocupado por no cometer errores. _____

11. Me comparo con los demás para decidir si estoy bien o mal. _____

12. Me da mucha dificultad confrontar a otros. _____

13. He tenido pensamientos suicidas porque tuve un gran enojo o ira conmigo mismo. _____

14. Temo al rechazo, ser desaprobado, y al abandono. _____

15. Trato de complacer los deseos de los otros primero. _____

Una interpretación de este cuestionario puede ser considerar cuántos ciertos contesta contra los falsos. Si predominan los ciertos "podría haber" una baja autoestima que trabajar. Sin embargo, las respuestas marcan derroteros o aspectos con los cuales entramos en diálogo sobre nosotros mismos.

Glenn R. Schiraldi nos ofrece otro cuestionario, bastante amplio, sobre autoestima. Por razones prácticas les ofrezco una versión mas breve. Marque un número a las siguientes afirmaciones, usando los valores del 0 al 10. El cero para significar que no cree en absoluto esa afirmación. Diez para significar que sí cree en esa afirmación completamente, que es cierta para Usted.

1. Soy una persona digna. _____

2. Soy tan valioso como persona como cualquiera otra. _____

3. No me siento como una persona fracasada._____

4. Al mirarme al espejo, tengo un sentimiento de placer. _____

5. Me amo y apoyo a mi mismo no importa lo que ocurra. _____

6. Me respeto a mi mismo. _____

7. Puedo reírme de mi mismo. _____

8. Soy feliz de ser yo mismo. _____

9. Poseo las cualidades que necesito para vivir bien. _____

10. Me acepto a mi mismo, aunque otros me rechacen. _____

Busque el total de sus puntuaciones. Una autoestima saludable es aquella que alcanza por lo menos una puntuación de 70 puntos o más. Pero les recuerdo que una sola nube no hace primavera, ni el bosque se llena de orégano nada mas. Reflexionar es la invitación relevante que uno debe examinar.

Preguntas de análisis y compresión:

1. Según su opinión, ¿qué tema debió incluirse en el cuestionario <u>Responsabilidad</u> y no se hizo?
2. ¿Cuáles son las fuentes del pesimismo?
3. Contraste los cuestionarios de esta lección e identifique las preguntas que no se repiten.

Una palabra final

No es posible poseer una salud mental estable sin una autoestima alta o sobre el promedio al menos. "Nadie te Menosprecie" apunta a una actitud de vigilancia necesaria para el cultivo de la autoestima. Esta vigilancia es reflexiva, informada y dinámica. Nuestra fortaleza psicológica descansa sobre la firmeza y coherencia de nuestra autoestima. Nuestra lectura de escritos introductorios, como este y otros con mayor rigurosidad, siempre serán una ganancia personal. Cuando necesitamos ayuda en nuestra jornada, buscarla nos hace honestos y fuertes. Les invito a seguir adelante en el crecimiento interior para florecer. Paz.

Bibliografía

Brown, Brene, Dr. The Gifts of Imperfection. Center City, MN: Hazelden Publishing, 2010

Berne, Eric, Dr. Juegos en Que Participamos. México: Editorial Diana, 1982

Branden Nathaniel, PhD. The Psychology of Self-Esteem. New York: Bantam Books. 1971

Cardinal Catherine, PhD. The Ten Commandments of Self-Esteem. Kansas City: Andrews McMeel Publishing, 1998

Corkille Briggs, Dorothy. Celebrate Yourself. New York: Doubleday Publishing, 1977

Charlesworth Edward A. PhD. and R. Nathan, PhD. Stress Management. USA: Ballantine Books Edition, 1996

Chander, Steve. 100 Ways to Motivate Yourself. New Jersey: Career Press, 2004

Cuentosqueyocuento. Blogspot. Com/2009/02/ el-arcangel-caracol.html

Dweck, Carol, PhD. Mindset: The Psychology of Success. United States of America: Random House, 2007

Dobson, James, PhD. How to Build Self-Esteem in Your Child. New Jersey: Fleming and Revell company, 1979

Douglas, Mack R. Desarrolla tu Autoestima. Madrid: Iberonet S.A., 1995

Freud, Sigmund. Selected Writings. R. Coles, editor. New York: Book of the Month Club. 1997

Gaja Jaumeandreu, Raimon. Bienestar, Autoestima y Felicidad. Barcelona: Editorial Plaza Janes, 1997

Jolley, Willie. A Setback is a Setup for a Comeback. New York: St. Martin Press, 1999

Jung, Carl Gustav. Selected Writings, R. Coles, editor. New York: Book of the Month Club, 1997

Heineman Pieper, Martha, PhD., W. Pieper, MD. Addicted to Unhappiness. New York: MacGraw-Hill, 1941

Linderfield, Gael. Autoestima. Barcelona: Editorial Plaza Janes, 1996

Lamentenmaravilla.com/los estados del yo

Maslow, Abraham. New Knowledge in Human Values. New York: Harper and Row, 1971

MacKay M. and Fanning. Autoestima. Oakland: New Harbinger Publishing, Inc. 2016

Millan, Lis, Dra. Vive Libre y Feliz. Florida: Casa Creación, 1914

Mortera, Simonne y O. Nunge. Análisis Transaccional. Madrid: Ediciones Gaia, 2000

Ribeiro. Lair, MD. Aumente su Autoestima: Aprende a Quererte Mas. Colombia: Ediciones Urano, 1997

Robinson, Bryan, PhD. Heal Your Self-esteem, (Recovery from Addictive Thinking), Florida: Health Communications, Inc. 1991

Schiraldi, Glenn R. The Self-Esteem workbook. Oakland CA: New Harbinger Publications, Inc., 1993

Seligman, Martin, PhD. Learned Optimism. New York: Pocket Books, 1990

Sorensen, Marilyn J. PhD. Breaking the Chain of Low Self-Esteem. Sherwood: Wolf Publishing Co., 1998

Stine, Jean M. Brainpower. New Jersey: Prentice Hall, 1997

Tipping Colin. Radical Self Forgiveness. Colorado: Sounds True, Inc. 2011

Sobre el Autor

Francisco Díaz Hernández se ha desempeñado, durante los últimos treinta años, como conferenciante y tallerista. Ha servido en funciones de consejero psicoespiritual en instituciones de la comunidad. Produjo talleres para maestros, pastores, padres de escuelas públicas, iglesias y profesionales de la salud. Durante décadas ha investigado el tema de la autoestima, el matrimonio-familia y su estabilidad emocional. Ha sido profesor de literatura y lengua, filosofía y teología en instituciones académicas universitarias de Puerto Rico. Su formación académica a nivel de licenciatura, maestría y doctorado, la realizó en instituciones de Puerto Rico y de EE.UU. Fue pastor y superintendente de la Iglesia Metodista de Puerto y EE.UU. Es autor también de: _These Tools: Essays on Group Dynamics_, 1991; _Self-esteem and Religious Styles_, 1991, (pdf), _Protocolo de Intervención Psicológica para pacientes con SIDA_, 1993 (pdf). Vive con su esposa Fredesbinda en Hatillo, Puerto Rico.

Para mayor información puede comunicarse a los siguientes correos:
frandiaz333@yahoo.com
episteme678@yahoo.com
pleroma1949@gmail.com

www.ingramcontent.com/pod-product-compliance
Lightning Source LLC
LaVergne TN
LVHW091933070526
838200LV00068B/954